영 케어러

돌봄을 짊어진 아동·청년의 현실

Young Carer

일러두기

1. 본문에서 인용한 출처는 원문 그대로 기재하고, 국내 번역 출간된 책은 미주에 원서 서지 사항과 병기했습니다.
2. 통계자료와 논문, 언론 기사는 〈 〉, 단행본과 잡지는 《 》로 표기했습니다.
3. 지은이 주는 미주[1]로, 옮긴이 주는 각주*로 처리했습니다.

돌봄을 짊어진 아동·청년의 현실

영 케어러 / Young Carer

시부야 도모코 지음
박소영 옮김

일찍이 고령화사회에 진입한
영국과 일본의 영 케어러 실태 조사와
지원책을 마련하는 과정 소개

황소걸음
Slow & Steady

차 례

머 리 말

영 케어러young carer는 집안일과 가족의 돌봄을 도맡은 18세 미만 아동을 말한다. 만성질환이나 신체장애, 정신적 문제로 장기간 돌봄과 간호, 관찰이 필요한 가족을 마땅히 돌볼 사람이 없을 때, 성인이 짊어질 책임을 미성년 아동이 떠안기도 한다.

케어러carer는 '돌보다'를 뜻하는 동사 care에 -er를 덧붙인 말이다. 플레이하는 사람을 플레이어player, 인터뷰하는 사람을 인터뷰어interviewer라고 하듯, 돌보는 사람을 케어러라고 한다. 이들은 도움이 필요한 가족이나 친구를 대가 없이 돌본다. 영young은 '젊다' '어리다' '나이가 어린 사람'을 뜻한다. 일본에서 '영'이라고 하면 대개 10~30대를 가리키지만, 영어의 young이 뜻하는 나이는 좀 더 어리다. 영국에서 영 케어러는 5~17세 아동과 청소년을 가리킨다. 영 케어러는 이런 나이에 때때로 자신의 성장 단계에 비해 무거운 책임을 떠안고 가족을 보살핀다.

영국은 세계에서 가장 먼저 영 케어러에 주목해 1980년대 말부터 영 케어러 실태를 조사했다. 그 배경에는 종전 사회보장제도를 정비하는 과정에서 추진한 커뮤니티 케어 정책이 있다. 이 정책에는 지역사회에서 돌봄은 주로 가족과 친구, 이웃의 몫이며, 공공서비스는 전체 돌봄 서비스의 극히 일부분에 그친다는 인식이 영향을 미쳤다. 영국 정부는 이런 상황에서 케어러의 부담이 크다는 점을 깨닫고, 적극적인 지원에 나섰다.[1]

영국 정부의 방침에 따라 각 지방자치단체도 자발적으로 지역의 케어러 실태를 조사했고, 가족을 돌보거나 간병하는 영 케어러를 주목하기 시작했다. 2011년 영국의 인구조사에 따르면, 스코틀랜드와 웨일스를 제외하고 잉글랜드에서만 영 케어러가 16만 6363명으로 보고됐다.[2] 5~17세 인구 가운데 영 케어러의 비율은 지역마다 차이가 있지만, 런던 2.2%, 북서부 2.3%, 남동부 1.9%로 나타났다.

일본에도 영 케어러는 다수 존재한다. 총무성이 2013년에 발표한 〈2012년 취업 구조 기본 조사〉에서 15~29세 간병인이 17만 7600명으로 나타났다.[3] 하지만 일본은 아동이나 청년이 가족을 돌보는 것에 대한 인식이 부족하다. 실제로 이 조사에 따르면 그해 간병인 557만 3800명 가운데 약 80%는 50대 이상이며, 학령기에 돌봄을 맡은 아동과 청년은 간병인

통계에서 발견하기 어렵다.

2025년에 단카이 세대*가 75세를 맞이하여 '대간병 시대'가 다가오는 일본 사회는 현실에 맞는 돌봄 체계를 혁신하는 것이 시급한 과제다. 정부의 방침은 지속 가능한 사회보장제도를 위해 요양 시설은 중증 고령자 위주로 받아들이고, 재택 돌봄을 확대하는 방향으로 가고 있다.

집에서 간병이 필요한 사람을 돌보는 가족의 부담은 당연히 커진다. 게다가 오늘날의 가족은 과거보다 결속력이 약하다. 세대 인구가 줄고, 맞벌이와 한 부모 가정은 늘었다. 세대 인구는 줄어드는데 돌봄이 필요한 사람은 늘고, 일하는 사람은 가족의 생계를 책임지기 위해 무리하다가 건강까지 잃는 일도 다반사다.

영국에서는 영 케어러 지원이 발전하기 시작한 1990년대 중반에 고령자 증가, 세대 인구 감소, 가족 단위의 불안정화(이혼에 따른 한 부모 가정 증가, 재혼에 따른 재구성 가족 증가) 경향이 나타났다. 따라서 향후 아동이 돌봄을 떠맡는 상황은 늘어날지언정 줄어들 일은 없다고 간주됐다.[4]

일본도 이런 경향이 뚜렷하고, 유럽보다 장시간 노동 문화와 비정규직 노동자의 경제적 불안정이 심각하기에 앞으

---

* 전후에 태어난 일본의 베이비 부머 세대.

로 돌봄을 맡을 아동·청소년 관련 대책이 시급하다. 저출산과 고령화에 따른 일손 부족이 나타난 가운데, 어른도 여유가 사라지고 청소년과 아동까지 간병과 돌봄에 동원되는 현실은 점점 더 주목받을 것이다.

이런 상황을 생각하면 '간병인 지원'과 '돌봄을 맡은 사람의 돌봄'에도 세심한 배려가 필요하다. 똑같이 돌봄을 맡는다 해도 간병인 대다수를 차지하는 50대 이상 중년과 18세 미만 아동·청소년은 생애 주기가 다르기 때문이다. 50대 이상 간병인은 대부분 자신의 역할과 커리어, 가족과 인간관계, 인생의 경험을 쌓은 상태에서 돌봄을 맡는다. 그러나 아직 가정과 학교 외에는 거의 알지 못하는 18세 미만 아동·청소년이 돌봄을 떠맡으면, 장기적인 관점을 갖추지 못하고 자신이 해야 할 일과 돌봄 사이에서 갈등한다.

18세 미만 영 케어러가 성장기 아동임을 고려해서 건강한 성장과 교육의 기회를 보장한 상태에 간병인으로서 역할을 돕는 게 중요하다. 무턱대고 케어러를 지원할 게 아니라, 인생의 어느 단계에서 돌봄을 맡느냐에 따라 고려할 사항과 지원 방법이 달라진다는 말이다.

이 책은 지금까지 내가 진행한 인터뷰와 설문 조사, 영국 현지 조사, 문헌 조사를 바탕으로 영 케어러의 실태와 지원에 관해 이야기할 것이다. 1장에서는 아동이 가족을 돌보는 일에 관해 시대 배경을 토대로 고찰하고, 영 케어러의 정의를 확인한다. 2장에서는 의료사회복지사와 공립 초등학교·중학교 교사를 대상으로 한 설문 조사를 통해 의료 현장과 교육 현장에 나타난 영 케어러의 모습을 다룬다. 3장에서는 니가타현 미나미우오누마 시와 가나가와현 후지사와 시의 실태 조사 이후 지원 대책을 살펴본다.

4장에서는 돌봄을 경험한 청년의 이야기를 소개하고, 아동과 청년에게 돌봄의 의미가 무엇이고 이상적인 학교의 모습은 어떤지 생각한다. 5장은 약 30년간 영 케어러를 지원한 경험이 쌓인 영국에서 실제로 어떤 지원을 하는지 소개한다. 6장에서는 지금까지 논의한 내용을 바탕으로 돌봄을 맡는다는 것의 공감과 연대 가능성을 이야기한다.

이 책에서는 18세 미만을 '아동'이라고 표기한다. 청소년(특히 고등학생)은 '청년'에 가깝게 느껴질 수도 있으나, 영 케어러를 논할 때는 18세 이상부터 30대까지 '청년 케어러'라고 지칭해 영 케어러와 구별하기도 한다. 따라서 혼란을 막기 위해 18세 미만을 '아동', 18세~30대를 '청년'으로 나타낸다.

1

아동이 가족을 돌본다는 것

사회에서 당연시하는 것과 비교하기

나이가 있다면 아동이나 청년이 가족을 돌보는 일을 좋게 생각하는 사람도 있을 것이다. 가족이 서로 돕고 보살피는 일을 당연하게 여기기 때문이다. 예부터 아동이나 청년이 가족을 돌보는 이야기가 있었다. 전래 동화 《돌배 따기》는 중병에 걸린 어머니가 돌배가 먹고 싶다고 하자, 세 아들이 산으로 열매를 따러 가는 이야기다. 1932년 아동문학 작가 니이미 난키치가 쓴 《금빛 여우》에도 주인공 효주가 병에 걸린 어머니를 위해 뱀장어를 잡는 에피소드가 나온다. 옛날에는 아이가 어린 동생을 돌보는 일도 흔했다.

옛날 아동과 지금 이야기하는 '영 케어러'라고 불리는 아동은 무엇이 다를까? 가장 큰 차이라면 현대 일본 사회에서는 간병이나 집안일, 형제를 보살피는 일을 아동의 역할로 보지 않는다는 점이다. 이는 아동 빈곤에 관한 논의와도 겹치는 논점이다.

일본에서는 '아동의 빈곤 대책 추진에 관한 법'이 만들어진 2013년 6월 전후로 미디어가 아동 빈곤을 활발히 다뤘다. 예를 들어 2013년 5월 25일 NHK는 〈주간 뉴스 심층 읽기 :

6명에 1명! 어떻게 할 것인가 '아동 빈곤'〉에서 아동 빈곤의 현실을 설명한 다음, 60대 사람들이 "나는 가난한 환경에서 자란 것에 자부심이 강하고, 가난은 인간을 단련하는 토대라고 생각한다" "전쟁 이후 극심한 가난을 경험한 세대로서 일할 의욕만 있으면 생활은 가능하다"라고 의견을 내는 모습을 소개했다. 방송에 출연한 연구자와 해설자는 60대 이상 고령층이 어린 시절에 겪은 빈곤과 오늘날 아동이 경험하는 빈곤은 전혀 다르다고 지적했다.

구체적인 내용을 살펴보면 이렇다. 60대 이상 사람들이 아동이던 시기에는 가난한 가정이 많아 일종의 연대감을 확인할 수 있었고, 경제가 성장하던 때라 지금은 가난해도 열심히 일하면 나중에 풍족하게 살 거라고 믿었다. 하지만 오늘날 대다수 사람들은 가난을 알지 못하고, 학교에서도 이를 깨닫기 어렵다. 가난한 가정의 아동과 부모는 주변 사람들에게서 고립되기 쉽다.

아동의 평균적인 교육 기간 역시 과거보다 훨씬 길어졌다. 과거에는 중졸 학력으로도 회사에 다니는 사람이 많았지만, 지금은 절반이 넘는 고등학생이 4년제 대학에 진학한다. 교육비도 무척 비싸다. 고등학교 무상화*를 실시했지만, 학용

---

* 일본은 2010년부터 고등학교 무상교육을 실시했다.

품을 사고 통학이나 수학여행 등에 드는 비용은 여전히 만만치 않다. 게다가 오늘날 아동에게 휴대전화는 친구 관계에서 필요한 물건이다. 방송에서 이런 이야기를 거론했다.[5]

생활수준이 비교적 향상된 선진국에서 빈곤을 이야기할 때 '상대적 빈곤'이라는 관점을 사용한다. 절대적 빈곤이 살아가는 데 최소한으로 필요한 의식주를 충족하지 못하는 생활수준을 말한다면, 상대적 빈곤은 그 사회의 평균적인 생활수준보다 현저히 뒤떨어지는 상태를 가리킨다.

영양실조에 시달리는 개발도상국 아동에 비하면 일본의 빈곤 가정 아이들은 하루에 한 번 이상 밥을 먹고, 학교에 다니며, 신발도 신을 것이다. 하지만 이들에게도 경제적인 이유로 수학여행에 가지 못하거나, 친구들처럼 학용품을 살 수 없는 나름의 고통이 있다. 이처럼 선진국에서는 아동 빈곤을 사회의 평균과 비교하는 관점으로 논의한다.

오늘날 영 케어러도 이런 관점에서 볼 수 있다. 고도 경제성장기에 평균 생활수준이 높아지면서 아버지는 돈 벌고, 어머니는 육아와 집안일을 맡으며, 자녀는 미래를 위해 공부하는 것이 일본의 평균적인 가족 모델로 기능했다. 과거에 아동은 어릴 때 자연스럽게 집 안팎에서 일했지만, 경제성장이 시작된 시기부터 아동은 보호받고 지식과 경험을 쌓아 힘을 키우는 존재로 여겨졌다.

물론 어느 시대나 계층의 차이는 있지만, 오늘날 일반적인 일본인이 받아들이기에 아동이 가족을 간병하는 일은 흔치 않다. 아동은 공부와 교우 관계, 경험을 쌓는 일에 시간과 에너지를 쓴다고 여기는 사회에서 가족의 간병을 맡은 영 케어러는 학교생활과 인간관계를 충분히 누리지 못해 주눅이 들 수밖에 없다.

돌봄을 마친 아동이나 청년이 돌아갈 곳도 생각해봐야 한다. 현재 돌봄을 맡은 아동과 청년은 또래보다 자신이 뒤처진다고 느끼기 쉽다. 요즘 청년은 취직할 때 기업에서 어떤 평가를 받을지 강하게 의식하는 경향이 있다. 기업은 이력서에 기재된 학력이나 경력, 자격증을 토대로 지원자의 업무 수행 능력을 심사한다. 이런 구조는 시간을 온전히 자신을 위해 쓰지 못한 영 케어러에게 불리하다. 영 케어러가 가족의 돌봄에 들인 시간과 에너지가 단순히 '생활'로 치부되면 그들은 또래와 자신을 비교하고, 본인의 능력에 자신감을 잃을 것이다.

그러나 약 30년 전부터 영 케어러의 실태를 조사하고 지원한 영국 정부는 아동과 청년이 돌봄의 경험에서 얻은 긍정적 영향에 주목했다. 영 케어러는 나이에 비해 생활력이 강하고, 멀티태스킹이 능숙하며, 다른 사람의 이야기를 잘 들어주고, 인내심이 강하며, 질병과 장애에 대한 이해가 깊고, 남을 배려한다. 영 케어러가 일할 때 크게 도움이 될 만한 장점이다. 영 케어러 지원은 돌봄의 긍정적 영향을 평가하고 부정적 영향을 최소화해, 어떻게 하면 그들이 또래와 비슷한 기회와 경험을 얻을지 고민하는 관점에서 생각해야 한다.

❚ 전후 생애 주기와 가족의 형태 변화

가족사회학자 야마다 마사히로는 《저변으로 경쟁》에서 다음과 같이 말한다.

> 모두 중산층이 되는 건 구조적으로 불가능한데도 일본의 사회의식은 여전히 중산층의 생활 방식을 표준으로 전제하고 있습니다. '의식'과 '현실'의 격차 확대도 불안 요인이 된 것입니다.[6]

야마다는 리스크가 '예측 불가능'한 상태를 뜻하며, 이는 '앞으로 남들과 수준이 비슷한 생활이 불가능해지는 상태'라고 지적한다. 야마다에 따르면 1990년 무렵까지 '표준 가족'을 만들고 유지하기 쉬웠기 때문에 '남편은 일, 아내는 가사'라는 형태로 풍족한 생활을 누릴 수 있었다. 하지만 1995년 이후 취업과 가족의 형태가 다양해졌다.

실제로 전후 일본인의 생애 주기와 가족의 형태 변화에서 영 케어러와 연관된 부분을 중심으로 살펴보고자 한다. 우선 일본인의 평균수명 추이를 보면 1947년 남성 50.06세, 여성 53.96세로 일본인 평균수명이 그해 처음 남녀 모두 50세가 넘었다.[7] 약 70년 뒤 후생노동성의 완전 생명표*에 따르면 2015년 일본인의 평균수명은 남성 80.75세, 여성 86.99세로 30년 이상 늘었다. 하지만 일상생활에서 건강 문제의 제약 없이 살 수 있는 '건강 수명'은 2016년 남성 72.14세, 여성 74.79세로 나타났다.[8] 삶의 마지막 단계에서는 약 10년간 어떤 형태로든 도움을 받으며 생활한다는 의미다.

한편 사회와 경제 변화가 가져온 고용 불안정, 고학력, 만혼과 비혼 추세는 청년이 생활이나 경제적인 면에서 독립할 수 있는 나이를 늦췄다. 남성 간병인을 연구한 쓰도메 마사토시에 따르면 30세 무렵까지 부모와 사회의 도움을 받고, 정년퇴직한 뒤에는 연금이나 간병 서비스를 받으며 30년 정도 생활하는 게 오늘날 일본인의 표준적인 삶이 됐다.[9] 이렇게 보면 살면서 상당 기간 돌봄과 지원을 받는 것이 일본인의 평균적인 생활이다. 내가 다른 사람을 돌보거나 다른 사람이 나를 돌보는 일을 누구나 경험하는 시대가 된 것이다.

오늘날 가족에서는 가정 내 일손도 중요한 문제다. 세대당

---

* 현재 연령별 사망 수준이 지속된다는 가정 아래 장래의 기대 여명을 산출해 의료·보건 정책 등에 쓰는 자료.

인구는 뚜렷이 줄고 있다. 후생노동성이 발표한 《2016년 국민 생활 기초 조사 개황》에 따르면, 1953년 5명이던 세대당 인구가 2016년에는 2.47명으로 절반가량 줄었다.[10]

세대당 인구 감소와 함께 가정에서 보내는 시간도 줄고 있다. 맞벌이 세대 수는 1997년에 남성 노동자와 전업주부 아내로 구성된 세대를 웃돌기 시작해 이후 그 격차를 넓혀왔다. 2016년 자료에서 '맞벌이 세대'는 1129만 세대, 남성 노동자와 전업주부 아내로 구성된 세대는 664만 세대로 나타났다(그림 1-1).[11] 맞벌이 부부가 늘어난 이상, 가사 역할에도

그림 1-1 맞벌이 등 세대 수 추이

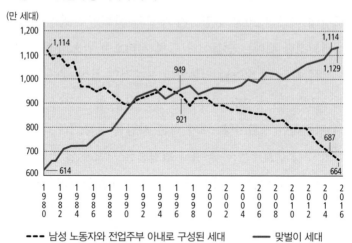

(만 세대)

- - - 남성 노동자와 전업주부 아내로 구성된 세대　　━━ 맞벌이 세대

＊ 내각부 남녀공동참획국, 《남녀공동참획백서 2017년 판》, 그림 I-3-4를 토대로 작성. 2010~2011년 수치는 이와테현과 미야기현, 후쿠시마현을 제외한 전국 조사 결과.

당연히 변화가 있을 것이다.

총무성이 2017년에 발표한 〈2016년 사회생활 기본 조사 생활 시간에 관한 결과 개요〉에서 '부부와 자녀로 구성된 세대의 남편과 아내'의 일주일을 조사한 자료에 따르면, '회사원 남편과 전업주부 아내 세대'의 가사 관련(가사, 돌봄·간호, 육아, 장보기) 시간은 아내가 7시간 56분, 남편은 50분이

표 1-1 맞벌이 여부, 행동 종류별 일주일 생활 시간 추이(1996~2016년), 부부와 자녀로 구성된 세대의 남편과 아내

(시간.분)

		맞벌이 세대					남편이 직업이 있고, 아내가 전업주부인 세대				
		1996	2001	2006	2011	2016	1996	2001	2006	2011	2016
남 편	업무	8.14	8.02	8.22	8.30	8.31	8.12	8.11	8.19	8.22	8.16
	가사 관련	0.20	0.26	0.33	0.39	0.46	0.27	0.35	0.42	0.46	0.50
	가사	0.07	0.09	0.11	0.12	0.15	0.05	0.07	0.08	0.09	0.10
	육아	0.03	0.05	0.08	0.12	0.16	0.08	0.13	0.17	0.19	0.21
아 내	업무	4.55	4.38	4.43	4.34	4.44	0.03	0.04	0.02	0.04	0.06
	가사 관련	4.33	4.37	4.45	4.53	4.54	7.30	7.34	7.34	7.43	7.56
	가사	3.55	3.31	3.28	3.27	3.16	5.02	4.49	4.42	4.43	4.35
	육아	0.19	0.25	0.36	0.45	0.56	1.30	1.48	1.57	2.01	2.24

* 총무성 통계국, 〈2016년 사회생활 기본 조사 생활 시간에 관한 결과 개요〉, 표 4-4를 바탕으로 작성.

며, '맞벌이 세대'의 가사 관련 시간은 아내가 4시간 54분, 남편이 46분이다(표 1-1).[12] 부부 합해서 가사에 들이는 시간은 '회사원 남편과 전업주부 아내 세대'는 8시간 46분, '맞벌이 세대'는 5시간 40분으로 하루에 약 3시간 차이가 났다. 맞벌이 가정이 늘면서 개인이 가정에 쏟는 시간은 줄고 있다.

한 부모 가정은 더 심각한 상황이다. 앞에 언급한 〈2016년 사회생활 기본 조사 생활 시간에 관한 결과 개요〉에서 육아기에 한 부모의 가사 관련 시간은 여성 3시간 59분, 남성 1시간 9분으로 나타났다(표 1-2).

고베가쿠인대학의 간바라 후미코 교수는 《아이 동반 싱글 —한 부모 가족의 자립과 사회적 지원》에서 오늘날 한 부모 가정은 가족의 여러 형태 중 하나고 분명히 '보통' 가족이지만, 가정에서 본래 두 사람이 분담하는 역할을 혼자서 해야 하므로 생활에 지원이 필요하다고 말한다.

표 1-2   육아기 한 부모 가정의 가사 관련 시간

	가사 관련 시간(분)			
	가사	돌봄·간호	육아	장보기
육아기의 한 부모(여성)	158	5	43	33
육아기의 한 부모(남성)	37	1	12	19

* 총무성 통계국, 〈2016년 사회생활 기본 조사 생활 시간에 관한 결과 개요〉, 34~37쪽을 토대로 작성.

누구든 두 사람 역할을 혼자 하긴 어렵다. 게다가 하루 24시간 중 한 명이 일할 시간은 한계가 있다. 표준 가족의 부부가 분담하는 역할을 혼자 전부 수행하기란 힘들다.[13]

여유가 사라진 가정과 사회

현재 일본에서 대다수 한 부모가 생계를 위해 일한다. 그러나 사회제도는 여전히 '부부와 자녀'로 구성된 표준 가족을 전제로 하고, 누가 살림과 가사, 자녀를 돌보는지 충분히 고려되지 않는다.

2016년 조사에서 한 부모 가정은 모자 가정이 123만 2000세대, 부자 가정이 18만 7000세대로 추계했다.[14] 모자 가정의 38.7%, 부자 가정의 55.6%가 조부모 같은 동거인이 있지만,[15] 대다수 한 부모 가정은 자녀 외에 동거인 없이 생활한다. 사람이 적은 상황에서 가족을 경제적으로 뒷받침하고 돌봄 역할까지 맡는 경우가 늘어난 결과, 자신을 돌보지 못하고 건강을 해치는 사람도 있다. 〈2016년 전국 한 부모 세대 등 조사 결과 보고〉에서 한 부모 본인이 꼽은 가장 힘든 일 중에 '자신의 건강'이 차지하는 비율은 모자 가정의 어머니가 13.0%, 부자 가정의 아버지가 10.1%다.[16] 양쪽 모두 5년 전 조사 결과보다 높은 비율이다.

자신의 건강이 위험한 상황에서 역할을 짊어진 사례도 드물지 않다. 후생노동성 〈사업장에서 치료와 직업 생활의 양립 지원을 위한 가이드라인〉에는 2013년 기업을 대상으로 설문 조사한 결과가 있다. 질병을 이유로 1개월 이상 연속 휴업한 종업원이 있는 기업의 비율은 정신 건강 38%, 암 21%, 뇌혈관 질환 12%로 나타났다.[17] 〈2010년 국민 생활 기초 조사〉에 따르면 일하면서 암으로 통원 치료를 받는 사람은 32만 5000명이다.

이처럼 가정뿐만 아니라 사회도 과거보다 여유가 사라졌다. 머리말에서 언급했듯이 정부는 급증하는 사회보장비를 억제하기 위해 재택 돌봄을 추진했다. 2014년 노인요양보험법*이 개정되면서 특별 요양 노인 시설 입소 요건은 종전 '돌봄 필요 1단계 이상'에서 '원칙적으로 돌봄 필요 3단계 이상'으로 강화됐다. '돌봄 필요 2단계'는 일어서기와 보행에 도움이 필요하고, 용변과 목욕도 부분적인 도움이 필요한 상태다. 이동과 용변, 목욕이 어려운 사람이라도 재택 생활이 기본이 된 것이다.

사람과 시간 모두 여유가 사라진 가정에서는 돌봄을 맡아

---

* 일본은 2000년부터 65세 이상 고령자나 만 40~64세 특정 질환자를 대상으로 노인 요양보험법을 실시했다. 신청자에게 필요한 돌봄 서비스를 판단하는 심사를 거쳐 '지원 필요 1~2단계' '돌봄 필요 1~5단계'로 분류한다.

야 하는 상황이 됐을 때, 자연스럽게 가족이 역할을 분담한다. 지금까지 일본에서는 간병인에 관해 이야기할 때 '간병인'으로 인식되는 사람은 가족 가운데 중심적으로 돌봄을 맡은 '주 간병인main carer'이었다. 하지만 재택 돌봄이 장려되고 간병 이직**을 막고자 하는 움직임이 나타나면서 간병과 돌봄을 되도록 가족 구성원이 분담하는 사례가 늘고 있다.

가사와 돌봄, 육아를 맡는 남성도 과거보다 늘었다. 부모를 돌보는 30~60대 남성 간병인 28명을 청취 조사한 히라야마 료는 간병인 절반이 결혼했다고 답했으며, "결혼한 아들 간병인과 독신인 아들 간병인의 큰 차이점은 본인에게 필요한 가사를 누가 하는지로 나뉘었다"고 지적했다.[18] 히라야마의 조사에서 결혼한 아들 간병인은 부모의 식사 준비나 옷 갈아입히기, 목욕과 용변, 이동 등 일상의 돌봄을 가족 가운데 가장 많이 한다는 의미에서 '주 간병인'이지만, 가사는 대개 아내가 맡았다. 동거 간병일 때 가족의 빨래와 청소, 식사 준비와 뒷정리를 아내가 했으며, 별거 간병일 때도 아들 간병인이 부모의 빨래를 가져오면 아내가 세탁하거나 아내가 만든 음식을 부모에게 전달하는 일이 많았다.

** 간병이 필요한 가족을 돌보기 위해 직장인이 회사를 그만두는 현상.

아내를 돌보는 남편 간병인이나 독신인 아들 간병인에게서는 돌봄과 가사가 분리되는 현상이 보이지 않았다. 돌봄을 분담할 사람이 없다면 혼자 감당해야 한다. 집에서 움직일 사람이 몇 명 있다면 현실적인 방법으로 돌봄의 분담을 선택하기도 한다. 이런 가족 내 돌봄의 분담은 아동에게 어떻게 작용할까?

미성년 아동은 성인처럼 경제활동으로 돌봄에 기여할 수 없다. 그러다 보니 집에서 돌봄이나 도움이 필요한 가족을 보살피는 어른이 지치면, 아동이 가족을 돕기 위해 방과 후나 야간에 돌봄에 참여한다. 가족의 상태가 나빠지면 필요한 돌봄이 점점 늘어나지만, 아동이 이런 생활을 크게 바꿀 만한 판단을 하기는 어렵다. 아동은 주 간병인을 보조하는 케어러인 경우가 많다. 겉보기에는 간병인 같지 않고, 본인도 대체로 그런 인식이 없다. 그러나 돌봄에 따른 수면 부족과 피로감이 오래 누적되면 학교생활과 진로에 영향을 미칠 수 있다.

사회와 경제 변화, 생활수준 향상, 의료 기술이 발달함에 따라 일본인의 평균적인 생애 주기와 가족의 형태가 크게 달라졌다. 가정에서 아동이 돌봄을 분담하는 상황이 점차 늘고 있다.

세계적으로 본 영 케어러

프랑스, 스웨덴, 독일, 오스트레일리아, 케냐, 미국 등에서
도 영 케어러를 대상으로 한 조사와 지원이 진행 중이다. 영
국 러프버러대학교의 영케어러연구소는 1995년 《유럽의 영
케어러Young Carers in Europe》에서 영국과 프랑스, 스웨덴, 독일의
영 케어러 상황을 소개했다.[19]

오스트레일리아에서는 영 케어러를 나중에 언급할 '청년
케어러young adult carer'까지 포함해 가족을 돌보는 25세 이하
청년과 아동으로 정의한다.[20] 간병인 지원 단체 케어러스오
스트레일리아는 영 케어러를 대상으로 장학금도 지급한다.
케냐는 영국의 자선단체 더칠드런스소사이어티와 연계해
2013년 나이로비에 있는 학교에서 '동아프리카 영 케어러 페
스티벌'을 열었다.[21] 미국에서 영 케어러는 '어린 간병인Young
caregiver'이라고 하며, 2005년 조사 결과 8~18세 어린 간병인
이 미국 전역에 적어도 130만~140만 명 있는 것으로 추산
했다.[22]

이처럼 세계 각지에서 돌봄을 맡은 아동과 청년을 주목한
다. 영국은 영 케어러에 관한 조사와 지원을 대규모로 실시
한 나라다. 영국 정부는 1996년에 처음으로 영 케어러를 조
사했다.[23] 2001년부터 인구총조사에서 영 케어러 수가 보고

되기 시작해, 그해 집계된 결과 잉글랜드에만 13만 9000명이 있는 것으로 나타났다.[24] 2014년에 제정한 '2014년 아동과 가족에 관한 법률' 96조에는 '영 케어러' 항목이 생기고, 이 법에 따라 지방자치단체는 지역 내 영 케어러가 필요로 하는 것에 관한 평가를 의무화했다.[25] 평가는 정보를 수집해 지원이 필요한지 판단하는 작업이다. 즉 영 케어러가 어떤 상황이고, 무엇이 필요한지 파악할 의무가 있다.

나는 이 법률이 시행된 2015년 4월부터 약 9개월간 세이케이대학의 장기 연수 제도를 이용해 영국에 머물며 조사했다(5장 참조). 이 시기에 각 지자체는 영 케어러가 얼마나 많은지, 그들의 상황을 어떻게 평가할지 시행착오를 겪고 있었다. 2015년 각 지자체는 교육부의 행정 지원 프로젝트 '영 케어러와 그 가족을 위한 단계적 변화 : 실행에 옮기기Making a step change for young carers and their families: Putting it into practice'에서 영 케어러 수를 파악하고, 지역에 맞는 평가 방식과 지원 모델 만들기, 가족 전체를 고려한 접근 모델 만들기, 영 케어러에게 미치는 영향을 측정하고 학교와 연계 협력 등을 지원했다. 맨체스터에서 열린 이 프로젝트 회의에는 다양한 지자체 직원(복지, 의료, 교육, 주택, 자원봉사 관련 부서 등)과 영 케어러 서비스 관계자 100여 명이 참석해 각자의 실천 과제를 활발히 논의했다.

과거 영 케어러의 이야기와 그 반향

일본에서 '영 케어러'라는 말은 2000년 무렵부터 연구자들 사이에 조금씩 알려졌다.[26] 최근에 널리 알려진 계기는 과거 영케어러였던 20대 A씨의 이야기다. 나는 2013년 도쿄 아사가야에 있는 케어러스 카페 '아라진'의 방명록에 A씨가 자필로 남긴 글을 처음 봤다.

> 할머니를 6년 정도 돌보고 재작년에 임종을 지켰습니다. 제가 할머니를 돌볼 때 이런 곳이 있었다면 좋았을 텐데…. 앞으로는 현실이 절망적이라도 케어러들이 자신의 미래를 개척할 수 있는 시대가 됐으면 합니다. 이곳이 그들에게 보탬이 되기를 바라며.
>
> 2013년 1월 ○일

당시는 A씨의 할머니가 세상을 떠나고 1년이 지난 무렵이었다. A씨는 자신이 한 일의 의미를 알고 싶어 간병인 지원 단체 일본케어러연맹에 연락했고, 도쿄에 있는 케어러스 카페를 찾아왔다.

2010년에 발족한 사단법인 일본케어러연맹은 간병하는 사람과 간병인을 배려하는 사람이 모여 그들이 직면한 문제를 해결하는 사회적 제도를 만드는 활동을 한다. 돌봄이 필요한 가족이나 친구 등을 대가 없이 보살피는 '케어러'라는 명칭을 전면에 내세워, 지금까지 고령자나 장애아 등 돌봄을 받는 사람의 속성에 따라 수직적으로 나뉘던 구조를 극복하고 수평으로 연결하는 데 방향을 두고 있다. 일본케어러연맹은 돌봄이 필요한 사람과 돌보는 사람이 함께 존중받는 사회를 지향한다. 돌보는 사람이 일과 학업, 인간관계를 유지하면서 무리하지 않고 돌봄을 이어갈 수 있는 환경을 조성하기 위한 활동은 케어러스UK, 케어러스오스트레일리아 등을 비롯해 각국에서 활발히 전개된다. 이런 세계적인 움직임 속에 케어러스재팬으로 활동하는 것이 일본케어러연맹이다.

A씨의 이야기를 접한 일본케어러연맹 스태프는 충격을 받았다. A씨는 2013년 10월 6일 조치대학 요쓰야캠퍼스에서 열린 '돌봄 이모저모 문화제'의 패널로 참석해 자신의 체험을 털어놨다. 이 일이 반향을 일으켜 A씨의 이야기는 10월 30일 NHK E채널 프로그램 〈하트넷 TV : 10대가 처한 돌봄의 현실〉로 전파를 탔다.

2014년 2월에는 일본케어러연맹과 내 연구실이 세이케이대학에서 〈돌봄을 맡은 10~20대 아이들〉이라는 심포지엄을 열었다. 당시 영국에서 영 케어러를 지원하는 헬렌 리드비터를 초청해 강연을 들었는데, 이때 언론 관계자들이 참가하면서 영 케어러를 신문과 방송 등에서 다뤘다.

2014년 3월 5일 니혼게이자이신문과 3월 25일 요미우리신문이 돌봄을 맡은 아동과 청년에 대해 보도했다.[27] 5월 6일에는 아사히신문이 〈어린 간병인, 사회에서 지원을〉이라는 기사를 실었고,[28] 6월 17일에는 NHK가 〈클로즈업 현대 : 간병으로 닫혀버린 미래, 청년들을 어떻게 지원할까〉라는 프로그램을 방영했다. 영 케어러는 '노노老老 돌봄'* '남성 간병인'에 이어 돌봄의 새로운 국면을 나타내는 용어로 언론의 주목을 받았다.

당시 일본케어러연맹의 스태프와 나는 심포지엄 주최자로서 여러 언론의 취재 요청을 받았다. 쉴 새 없이 쏟아지는 취재에 응하는 과정에서 일본의 영 케어러 실태 조사를 서둘러야 한다는 게 분명해졌다. 언론이 궁금해하는 내용은 영국의 상황이 아니라 일본에서 돌봄을 맡은 영 케어러의 체험담이었다. 하지만 나를 포함한 연구자들의 연구는 자신의 돌봄경험을 터놓고 싶어 하는 청년을 계속 소개할 단계에 이르지 못한 상태였다.

2014년 8월 일본케어러연맹이 '영 케어러 프로젝트'를 시작했고, 연구자와 영 케어러 지원에 참여하기를 원하는 사람들이 두 달에 한 번씩 모였다. 나도 참여한 이 프로젝트는 우

---

* 고령자가 돌봄이 필요한 고령자를 돌보는 것.

선 일본에서 '영 케어러'의 정의를 확정하고, 영국의 초기 영 케어러 조사 검토, 니가타현 미나미우오누마 시의 전체 공립 초등학교와 중학교 교사를 대상으로 설문 조사를 했다.

일본에서 '영 케어러'의 정의

영국은 '영 케어러'에 포함되는 연령층을 5~17세로 정했지만, 2013년 말 일본에서는 연령층을 좀 더 넓게 잡아야 한다는 의견도 있었다. 빠르게 진행되는 고령화로 일본에서도 간병인 지원의 필요성이 제기됨에 따라, 그들이 잠시 숨 돌릴 수 있는 간병인 모임이 곳곳에서 열렸다. 이 자리에 '젊은 세대'로서 20~30대 간병인이 참가해 주목을 받았다. 젊은 간병인에게 초점을 맞춘 문헌도 있었다.

예를 들어 의료 복지 저널리스트 오치 도요코는 2005년 3월에 잡지 《AERA》에 기고한 〈부모의 간병과 내 인생 어떻게 할까―일, 결혼, 꿈…〉을 통해 대학교 2학년 때부터 류머티즘을 앓는 어머니를 간병하는 24세 여성, 기억장애와 신체 마비가 있는 어머니를 간병하는 26세와 고등학생 자매, 중증 치매를 앓는 할머니와 돌봄 필요 5단계 어머니를 돌보기 위해 회사를 그만둔 35세 여성 등의 이야기를 소개하며 '청년 간병'이라는 용어를 썼다.[29]

오사카인간과학대학 다케다 다쿠야 교수는 23세 때 어머니가 거미막하출혈로 쓰러져 간병한 경험으로 한 부모 가정과 청년 간병인의 문제에 관해 2008~2009년 논문 두 편과 연구 노트 한 편을 썼다.[30] 20대 때 아버지가 쓰러진 뒤 치매에 걸리고, 어머니는 암 환자였던 오카자키 안리는 일과 간병의 병행, 가족과 대립, 연애와 결혼, 꿈을 포기하는 등 젊은 간병인의 고민에 주목해 젊은 나이에 하는 간병을 '젊디젊은 간병'이라고 불렀다. 그는 2011년 7월부터 《월간 케어 매니지먼트》에 〈젊디젊은 간병〉을 연재하며 30대를 중심으로 20~50대 간병인의 이야기를 소개했다.[31]

이처럼 과거에 축적된 자료가 있는 점, 머리말에 언급했듯이 일본에서 '영'이라는 단어가 20~30대를 떠올리게 한다는 점을 들어 '영 케어러'의 연령층을 폭넓게 정의해도 되지 않을까 하는 의견이 나왔다. 이에 경종을 울린 사람은 심포지엄의 기조연설자로 일본을 찾은 헬렌 리드비터다. 그녀는 케어러 지원이 시작되면 성인과 미성년자는 관할 기관이나 재원이 달라진다고 지적하며 용어를 명확히 구별해야 한다고 조언했다.

영국에서는 18세 미만을 '영 케어러', 18~24세는 '영·어덜트 케어러'라고 부른다. 영 케어러는 아동이 교육받을 권리와 아동 인권이라는 관점에서 지원하는 단체가 많고, 영국 각지의 '영 케어러 프로젝트', 행정기관과 자선단체, 학교가 연계해 발전해왔다. 교육부도 영 케어러 지원 제도를 마련하는 데 깊이 관여했다. 교육부 장관이 정한 '2015년 영 케어러(필요로 하는 것에 관한 평가) 법률 시행 규칙'은 지자체가 영 케어러를 평가할 때 나이와 이해력, 가족의 상황, 희망 사항과 마음, 돌봄에 관해서 영 케어러와 부모나 돌봄을 받는 사람의 의견 차이, 영 케어러가 평가에 무엇을 기대하는지 등을 고려해 대응해야 한다는 내용을 담고 있다.[32] 영국은 복지 제도가 아동 대상과 성인 대상으로 나뉘어 미성년자인 영 케어러의 위치는 제도를 살펴봐도 책임 소재가 분명하다.

한편 영·어덜트 케어러는 영국의 제도상 성인 간병인 지원에 포함된다. 이 연령대는 독립과 취업 관련 상담이나 의사 결정 지원이 중요하게 인식되는데, 반드시 교육기관을 통해 지원이 가능한 건 아니다. 재원이나 인력이 영 케어러만큼 확보되지 않아 이들을 위한 지원은 여전히 시행착오를 겪고 있다. 최근에는 '학생 케어러student carer'라는 이름으로 지원을 시작한 대학도 나왔다. 내가 영국에 머물며 조사한 영 케어러 지원 단체 윈체스터영케어러스는 18세 이상 학생을 위해 시내 카페에서 한 달에 한 번 '18+'라는 미팅을 했다.

지원을 담당하는 사람이나 부서와 재원을 마련할 방법을 생각할 때, 미성년과 성인을 구분하는 시점이 중요하다는 지적에 따라 일본케어러연맹의 '영 케어러 프로젝트'도 18세 미만 '영 케어러(아동 케어러)'와 18세 이상 '청년 케어러'를 명확히 구분하기로 했다. 일본에서 미성년자는 20세 미만으로 정해야 한다는 목소리가 있었지만, 아무래도 고등학교를 졸업한 뒤에는 주된 접근 방식이 달라지고 아동복지법에서 아동을 18세 미만으로 정의한다는 점을 들어 이렇게 가닥이 잡혔다. 영 케어러는 '돌봄이 필요한 가족이 있는 상황에서 어른이 하는 돌봄의 책임을 떠안아 집안일과 가족의 보살핌, 간병, 정신적 지원 등을 하는 18세 미만 아동'으로 정의했다.

영국에서 영 케어러의 정의는 시대의 흐름과 함께 달라졌다. 2000년 무렵 "영 케어러는 가족을 돌보고 지원하는(혹은 지원하게 된) 18세 미만 아동이다. 이런 아동은 상당한 시간을 돌봄에 쓰거나 보통은 어른이 하는 일로 여겨지는 정도의 책임을 떠안고 있다. 돌봄을 받는 사람은 부모가 많지만, 때로는 형제나 조부모, 친척이다. 이들은 장애나 만성질환, 정신적 문제, 돌봄을 비롯해 관찰이 필요한 상황이다"[33]라고 되어 있다. 이는 영 케어러를 연구한 사울 베커Saul Becker가 《블랙웰 사회복지백과사전The Blackwell Encyclopedia of Social Work》에서 밝힌 정의로, 오랜 시간 널리 쓰였다. 아동이 돌보는 대상에 '가족'이 상정되고, '보통은 어른이 하는 일로 여겨지는 정도의 책임을 떠안고 있다'고 명시했다.

다만 현재 '2014년 아동과 가족에 관한 법률' 96조에 따르면, 영 케어러는 '타인을 위해 돌봄을 제공하는(혹은 제공하려고 하는) 18세 미만의 자(돌봄이 계약에 따라 이뤄지거나 자원봉사 활동으로 이뤄지는 경우는 제외)'라고 정의하며, 구체적인 상황은 나오지 않는다.[34] 영 케어러라는 말이 사회에서 얼마나 인지되는지, 법이나 제도가 어떻게 돼 있는지에 따라 정의도 달라지는 것이다.

영 케어러 실태 조사

영 케어러의 정의를 확정한 다음 시급한 과제는 실태 조사를 거쳐 영 케어러의 규모가 어느 정도인지 밝히는 일이었다. '이런 사람도 있다'는 것만으로 행정이 움직일 수 없기에 영 케어러가 얼마나 존재하는지 수치를 밝혀야 했다. 2013년에 내가 도쿄도의료사회사업협회 전체 회원을 대상으로 설문 조사를 했지만, 회원의 거주지가 도쿄도에 한정되지 않아 소속된 병원이 제각각이었다. 이런 점을 고려해 교육위원회의 전적인 협력을 얻어 니가타현 미나미우오누마 시*에서 공립 초등학교와 중학교 교사 전원을 대상으로 설문 조사를 했다. 미나미우오누마 시는 일본케어러연맹이 이전에 간병인 실태

---

* 일본 니가타현 중부에 위치한 인구 6만 명의 소도시. 온천과 스키장이 밀집한 관광지로도 유명함.

조사를 벌인 지역이어서 행정 관계자의 협조를 받았다.

설문 조사 질문지를 작성하기 위해 영국에서 지금까지 나온 영 케어러 관련 문헌을 공부하는 모임을 했다. 2015년 1~2월에 미나미우오누마 시의 공립 초등학교·중학교·특별 지원학교** 26개교 교사 446명을 대상으로 설문 조사를 했다. 설문에는 271명이 응답해(회수율 60.8%), 그중 68명이 지금까지 지도한 학생 가운데 가족을 돌본다고 느낀 아동이 있다고 답했다. 이 조사 결과는 2장에서도 다루겠지만, 상세한 내용은 일본케어러연맹 홈페이지에서 볼 수 있다.

2016년 2월에는 영국 윈체스터영케어러스의 액티비티코디네이터를 초청해 세이케이대학에서 〈영 케어러에 대한 실천적 지원〉 심포지엄을 열었다. 강연자는 내가 2015년 영국에서 현지 조사를 할 때 도와준 스태프 애나 허칭스다. 그녀는 액티비티코디네이터의 업무 내용을 설명하고, 영 케어러를 어떻게 지원하는지 구체적으로 소개했다.

이 심포지엄에 중학교 교사로 일한 적 있는 후지사와 시의회의 다케무라 마사오 의원이 참가해, 2016년 7월에는 후지사와 시 공립 초등학교·중학교 교사를 대상으로 영 케어러

** 한국의 특수학교에 해당.

조사를 했다. 인구 약 42만 명으로 가나가와현에서 네 번째 규모를 자랑하는 후지사와 시는 대도시권에 속하고, 외국인이 많이 거주하는 지역이다.

시내의 공립 초등학교 · 중학교 · 특별지원학교 55개교 교사 1812명을 대상으로 진행한 설문 조사에는 1098명이 응답했다(회수율 60.6%). 이 가운데 534명이 지금까지 지도한 학생 가운데 가족을 돌본다고 느낀 아동이 있다고 답했다. 이 조사 보고서도 일본케어러연맹 홈페이지에 있다.

다음 장에서는 내가 참여한 세 가지 조사의 결과를 소개하고, 영 케어러와 그 가족의 상황을 살펴볼 것이다.

2

—

일본의 영 케어러 조사

의료사회복지사가 본 영 케어러

2013년 의료사회복지사 단체인 도쿄도의료사회사업협회 전체 회원을 대상으로 한 '영 케어러 설문 조사' 결과부터 소개한다. 사회복지사는 생활에 어려움이 있거나 불안을 느끼는 사람들의 이야기를 듣고, 문제를 해결하기 위해 돕는다. 의료사회복지사Medical Social Worker, MSW 외에도 지역에서 활동하는 사회복지사, 학교에서 학생을 지원하는 학교사회복지사 등 담당 영역에 따라 명칭이 다르다. 설문 조사에 응답한 402명 가운데 80%는 병원 소속으로, 상담을 통해 환자와 그 가족의 경제적·사회적·심리적 문제를 돕고 있었다.

조사에 따르면 육아 관련 상담을 받은 경험이 있느냐는 질문에 124명이 '있다'고 답했다. 상담 내용은 자유롭게 작성하도록 한 뒤 답변을 분류해 분석했다. 예를 들면 '아이의 장래를 위한 경제적 기반이 갖춰지지 않아 불안하다' '아이의 학비를 마련할 수 없다' '학비나 생활비가 걱정이다' 같은 내용은 '경제적 불안' 항목으로 정리했다. 응답자 한 명의 답변이 복수 항목을 포함할 때는 각각의 항목에 집계했다. 그 결과 주로 거론된 내용은 표 2-1에 있는 8가지 항목이었다.

표 2-1　육아 상담 내용

	항목	응답 수
1	질병과 몸 상태 때문에 아이를 제대로 돌볼 수 없다	23
2	입원 기간(혹은 퇴원 후)에 아이를 돌볼 사람이 없다	20
3	아이의 반항이나 문제 행동(등교 거부 포함)	13
4	자신이 사망한 뒤 아이에 관한 걱정	12
5	경제적 불안	11
6	병에 대해 아이에게 어떻게 전할까	8
7	앞으로 아이를 어떻게 키울까	7
8	가사 지원이나 육아 지원 서비스를 받고 싶다	7

　자녀의 돌봄에 관한 상담으로는 '입원 중이어서 아이가 입시를 준비하는 학교를 알아보거나 면접에 갈 수 없다, 도시락을 싸거나 아이에게 필요한 집안일을 할 수 없다' '정신 질환 때문에 집안일을 제대로 못 하고, 도시락도 싸주지 못한다'처럼 부모의 역할을 못 하는 점에 대한 갈등이 많았다. '병에 걸린 남편을 간호하고 살림까지 도맡아서 아이에게 신경 쓸 시간이 없다' '뇌출혈이 온 남편을 간호해야 하는데, 아이가 어려서 육아와 병행하기 어렵다' 등 자신은 병에 걸리지 않았지만, 가족의 간호와 생계를 책임지며 육아에 고민하는 여성의 상담 내용도 있었다.

　또 다른 특징은 병으로 불투명해진 미래에 대한 불안이 많았다. 예를 들어 '장애나 후유증 때문에 육아와 집안일을 얼마나 할 수 있을지 몰라서 불안하다. 재발하면 아이를 돌봐줄 사람이 없다'고 고민하는 사람이 있었다. 본인의 몸 상태에 관한 진단이나 예상 경과를 어디까지 자녀와 공유해야 할지 고민하는 부모도 많았다. 이들은 '몸에 장애가 생긴다는 사실을 언제 어떻게 전해야 좋을까, 듣고 나면 충격받지 않을까' '병명을 말해줘도 될지 고민이다'와 같이 자녀의 심리적 부담을 우려해 병세를 말하는 데 신중한 모습을 보였다. 병세가 악화해 본인의 죽음을 의식하는 부모는 '남은 시간이 별로 없는데 아이가 반항기여서 제대로 말하지 못했다' '남겨질 아이를 어떻게 하나' '장례와 봉안에 관한 상담이나 구체적 절차를 아이와 어떻게 이야기해야 할지 모르겠다'며 의료복지 전문가와 상담했다.

실제로 18세 이하 아동이 가족을 돌본다고 느낀 사례가 있느냐는 질문에 응답자 35.3%에 해당하는 142명이 '있다'고 답했다(이 조사 당시 'under 18'을 '18세 이하'로 이해해, 조사에도 18세 이하로 돼 있음). 구체적인 사례를 작성하는 칸에는 응답자 142명 가운데 134명이 아이가 돌봄을 맡은 이유를 자유롭게 작성했다. 표 2-2는 답변을 분류해 응답자가 많은 순으로 정리한 항목이다.

부모의 질병이나 입원한 요인으로 파악하고, 다른 요인이 겹쳐 자녀가 돌봄을 맡았다고 인식하는 답변이 많았다. '어

표 2-2 아이가 돌봄을 맡은 이유

	항목	응답 수
1	부모의 질병과 입원, 장애, 정신 질환	85
2	한 부모 가정	39
3	아이 외에 돌볼 사람이 없음	22
4	부모가 일 때문에 가족을 충분히 돌볼 수 없음	13
5	형제가 많거나 어림	10
6	조부모의 질병과 입원	7
7	아이가 자발적으로	6
8	어머니가 외국 국적이라 일본어가 서투름	4
	부모의 방임 상태	4

* 자유 기술 응답 하나에 여러 항목이 포함된 경우는 해당하는 모든 항목에 집계했다.

머니가 재활 치료로 장기간 입원, 아버지가 일 때문에 집을 거의 비워서' '이혼한 어머니가 말기 암 환자여서 입원과 퇴원을 반복했다. 아이가 남동생들을 돌보며 어머니 대신 식사 준비와 청소까지 했다. 어머니가 통원이나 입원할 때 동행하고 간호하느라 학교를 자주 빠졌다' '부자 가정에서 아버지가 후종인대골화증으로 걷기 힘들어졌다. 아버지는 부모를 돌보는 것이 자식의 역할이라며 매일 수발들게 했다' 같은 답변을 통해 부모 중 한 사람의 질병이나 입원에 다른 부모 역시 임금노동이나 별거 등으로 부재 상태임을 알 수 있다.

아동이 주 간병인을 보조하거나, 주 간병인이 자리를 비우는 시간을 메우는 형태로 돌봄을 맡은 사례도 있었다. '아버지가 병 때문에 움직이지 못한다. 아이들이 열심히 간호하는 어머니를 지켜보다가 돕겠다며 자발적으로 참여' '내담자가 돌봄이 필요한 상황. 배우자가 낮에 일하기 때문에 주 간병인(영 케어러)은 귀가한 뒤 내담자의 배우자가 올 때까지 간호를 맡았다' 등 아동이 자발적으로 돌봄을 맡기도 했다.

'18세 이하 아동이 가족을 돌보느라 학업과 교우 관계, 방과 후 활동에 큰 지장이 있음을 알았을 때, 당신은 경험상 어떤 지원을 하겠습니까? 당신의 생각을 자유롭게 쓰십시오'라는 문항에는 402명 가운데 301명이 답변을 작성하고, 150자가 넘는 답변도 상당수 있었다. 병원에서 일하는 의료사회복지사는 미성년자면서 가족을 돌보는 영 케어러에게 상당한 관심을 보였다. 아동과 돌봄 대상자의 이야기를 듣고, 해당 지역 서비스나 전문가의 도움 등 사회자원으로 연결해서 아이의 부담을 최대한 덜어주겠다는 답변이 많았다.

아이가 간호하는 것을 어떻게 느끼는지, 부담이나 스트레스를 받지 않는지 말할 수 있도록 면담한다. 돌봄 대상자 지원 기관, 아이가 다니는 학교 등과 협의해 과제를 정리한다.

노인 요양 보험 서비스, 자립 지원법 서비스를 이용하는지 확인한다. 이용하지 않는 경우 서비스 신청을 돕는다. 이용하는 경우 관계 기관과 연계해 서비스 내용을 재확인한다. 보건소, 시청 등에 상담한다.

이처럼 아동과 돌봄 대상자의 의사를 확인한 뒤, 지역에서 이용 가능한 서비스를 찾아 소개하고 관계 기관과 연계하겠다는 답변이 많았다. 가족을 도울 수 있는 친척이나 이웃 등을 찾아 도움을 요청하겠다는 답변도 많았다.

계속되는 시행착오

실제로 아동이 돌봄에 참여한다고 느낀 경험이 있는지 묻는 문항에는 구체적인 답변이 있었다.

병을 앓는 부모를 걱정해 친구나 형제 중에서 돌봄 역할을 하는 모습도 종종 보인다. 우리 병원에서는 완화 케어*로 이행하는 단계에서 지원하는 경우가 대부분이라, 영 케어러는 친척이나 관계 기관 등과 논의하며 변호 기능(환자를 위해 그

---

* 생명을 위협하는 질환에 따른 문제에 직면한 환자나 그 가족에 대한 케어.

권리를 대변하는 것)을 요구받을 때도 많다. 그 과정에서 영 케어러가 자신의 다양한 역할을 평가하거나 지나치게 자책하거나 책임감을 느끼는 것에 대한 심리적 지원이 필요하다. 가족 관계가 소원하거나 갈등이 있을 때 조정의 역할도 크다.

이 답변은 의료 복지 전문가 관점에서 필요성이 높은 지원을 제시한다. 자신이 맡은 역할을 평가해서 제대로 돌보지 못한다고 자책하거나, 돌봄을 맡았을 때의 지원과 영 케어러의 가족 관계를 조정하는 것이다.

부모의 병세에 따라 우선순위가 달라진다는 답변도 있었다. '되도록 아동의 부담을 줄일 방법을 생각한다. 하지만 부모에게 남은 시간이 얼마 되지 않을 때, 아동과 내담자의 희망을 조정해서 아동이 곁에 있는 시간을 우선한다' 같은 답변이다.

상황에 따라 혹은 성장기 아동의 환경이 점차 달라지는 점을 고려해서 그때그때 유연한 대응이 중요하다고 적은 사람도 있었다.

아동이 받아들이는 방식에 따라서도 달라진다. 가족의 돌봄을 우선하는 선택이 반드시 잘못된 것은 아니다. 타인에게는 말할 수 없는 분위기를 포함해 말 못 할 사정이 있다면, 지원이 필요하다고 판단한다.

18세 이하 아동은 시기에 따라 환경이 크게 바뀌는 점을 고려해 언제든지 방향을 수정할 수 있고, 상담이 가능한 체계를 마련한다.

의료 복지 전문가로서 아동의 희망을 고려한 관점과 부모의 인식이 엇갈리면 그 차이를 인식한 뒤, 지원 방법을 검토하겠다고 쓴 사람도 여럿 있었다.

우리가 문제(과제)가 있다고 생각해도, 부모가 어떻게 생각하느냐에 따라 지원 내용이 크게 바뀐다.

부모의 태도를 확인하고, 지원을 보완해 문제 해결이 가능할지 판단한다. 지역과 병원 내 상담 기관이 연계하는 회의를 마련해 평가와 지원에 대한 공통 인식으로 대응하도록 한다. 부모가 악질이면 자녀 방임으로 통보하는 것도 염두에 둔다.

대다수 응답자는 돌봄 대상자와 별도로, 돌봄을 맡은 아동의 마음이나 요구 사항을 듣고 아동의 관점에서 본 심리 지원이 중요하다고 인식했다. 그러나 구체적으로 실현할 방법에는 이상과 현실의 간극을 느끼는 듯했다.

영 케어러를 지원할 때, 의료사회복지사가 자신의 역할을 어떻게 잡아야 할지에 대한 질문에도 응답자의 견해가 상당히 달랐다. '사회복지사가 아동의 정신적 고통을 줄여줄 조치가 가능해야 한다' '이야기하고 싶을 때 터놓을 수 있도록 매일 라포르rapport(신뢰 관계) 형성에 힘쓴다' '살림하는 방법이나 절약 방식 같은 경제적인 부분을 상담한다' 등 아동에게 적극적으로 관여하려는 사람이 있고, '의료사회복지사가 직접 지원하는 것은 적절하지 않다고 생각한다' '정보를 제공하거나 상담 기관으로 연결한다' 등 의식적으로 간접 지원에 머무르려는 사람도 있었다.

아동이 돌봄을 수행하는 것에 대한 관점도 응답자에 따라 달랐다. '가족을 돌봐야 할 필요가 있다면 가장 우선해야 한다' '가족은 서로 도와야 한다는 점을 배우기 위해 필요하다'는 의견을 낸 사람이 있고, '아동에게도 자기 인생이 있으니 강요해선 안 된다' '아동기에 할 수 있는 일을 보장하는 것은 아동과 주변 어른의 삶에도 큰 영향을 미친다' '아동에게 의존하지 않도록 가족을 설득한다'라고 쓴 사람도 있었다. 이는 가족에게 시간이 얼마 남지 않았거나 돌봄이 수년간 지속될 경우 돌봄의 긍정적 영향과 부정적 영향의 균형, 부모의 태도 등 조건에 따라 판단이 달라질 것이다.

의료사회복지사들은 미성년 아동이 가족을 돌본다고 느낀 적이 있다. 하지만 전문가로서 영 케어러 지원의 방향성이나 기준 없이 각자의 경험과 가치관에 따라 시행착오를 겪었다.

\
교사가 본 영 케어러의 상황

의료 복지 전문가는 병원에서 환자와 그 가족을 상담하는 과정에 영 케어러의 존재를 알게 된다. 그렇다면 아동을 매일 접하는 교육 현장에서 영 케어러는 어떻게 인식될까?

이런 문제의식을 바탕으로 2015년 니가타현 미나미우오누마 시와 2016년 가나가와현 후지사와 시에서 교육위원회의 협조를 받아 공립 초등학교·중학교·특별지원학교 전체 교사를 대상으로 설문 조사를 했다. 미나미우오누마 시 26개 학교 교사 446명을 대상으로 한 조사에서 271명이 응답했고, 그중 25.1%가 지금까지 지도한 학생 중에 가족을 돌본다고 느낀 아동이 있다고 답했다.

후지사와 시에서는 55개 학교 교사 1812명을 대상으로 조사한 결과, 1098명이 응답했다. 지금까지 가족을 돌본다고 느낀 학생이 있다는 답변이 응답자의 48.6%에 달했다. 후지사와 시에서 이렇게 응답한 교사가 많은 까닭은 설문 조사 전에 학교 관계자 사이에서 영 케어러에 관한 정보가 어느 정도 공유됐기 때문이다. 이 지역은 외국에 연고가 있는 아동이 많아 교사들이 어려움을 겪는 아동의 개별적 필요에 세심하게 대응하는 '지원 교육'의 관점이 자리 잡았기 때문으로도 추측된다.

미나미우오누마 시와 후지사와 시 조사에서 가족을 돌본 다고 느낀 아동이 있다고 답한 응답자에게 가장 기억에 남는 아동 한 명에 대해 자세히 쓰도록 했다. 구체적으로 돌보는 아동의 당시 학년과 성별, 돌보는 대상과 상황, 가족 구성, 돌보는 내용, 아동이 가족을 돌보는 것을 어떻게 알았는지, 아동이 가족을 어느 정도 기간 돌보는지, 그 가정을 지원하는 사람은 있는지, 돌봄이 아동의 학교생활에 미친 영향, 그런 아동에 대한 조치 등이다. 이처럼 상세한 내용을 작성한 문항에서 분석 대상이 된 유효 응답 수는 미나미우오누마 시 65건, 후지사와 시 508건으로 집계됐다. 이 조사를 통해 드러난 영 케어러의 특징을 살펴보자.

돌봄을 맡은 아동의 학년

미나미우오누마 시와 후지사와 시 교사 설문 조사 결과, 돌봄을 맡은 아동은 초등학교 고학년부터 증가하는 양상을 나타냈다(표 2-3). 이는 아동의 연령이 올라갈수록 할 수 있는 일이 늘어나면서 실질적으로 돌봄을 맡고 있다고 인식하는 사례가 증가하기 때문으로 보인다.

돌봄을 맡은 아동의 성별

미나미우오누마 시와 후지사와 시 모두 돌봄을 맡은 아동의 성별은 남자보다 여자가 많은 경향을 보였다(그림 2-1).

표 2-3 돌봄을 맡은 아동의 학년

	미나미우오누마 시 (대상 응답 수 : 65)	후지사와 시 (대상 응답 수 : 508)
초1	0	12
초2	3	22
초3	4	20
초4	10	48
초5	6	50
초6	12	85
중1	7	79
중2	11	96
중3	7	79
미기입 · 학년별 집계 불가	5	17

그림 2-1 돌봄을 맡은 아동의 성별

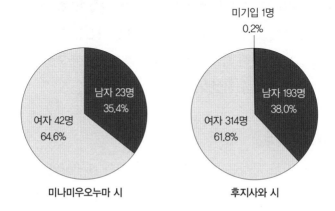

미기입 1명
0.2%

남자 23명
35.4%

여자 42명
64.6%

남자 193명
38.0%

여자 314명
61.8%

미나미우오누마 시   후지사와 시

표 2-4   아동이 돌보는 대상

	미나미우오누마 시 (대상 응답 수 : 65)	후지사와 시 (대상 응답 수 : 508)
어머니	22	212
아버지	10	50
형제	26	239
할머니	7	15
할아버지	2	9
기타	4	18
불명확	1	24

* 아동이 복수의 가족을 돌보는 경우도 있었다.

아동이 돌보는 대상

아동이 돌보는 대상은 형제와 어머니가 많았다(표 2-4). 영 케어러는 종종 고령자 간호의 맥락에서 다루는데, 초등학교 · 중학교 교사들이 인식하는 경우는 아동이 형제나 어머니를 돌보는 상황이 압도적으로 많았다. 다음은 아동이 아버지를 돌보는 사례고, 초등학생과 중학생이 조부모를 간호하는 사례는 그보다 적었다.

아동의 가족 구성

아동의 가족 구성은 미나미우오누마 시와 후지사와 시 모두 한 부모 가정 비율이 대체로 높았다(표 2-5). 후지사와 시 조

표 2-5 아동의 가족 구성

	미나미우오누마 시 (대상 응답 수 : 65)	후지사와 시 (대상 응답 수 : 508)
한 부모와 아동	21	228
한 부모와 아동과 조부모	11	28
양 부모와 아동	18	178
양 부모와 아동과 조부모	6	14
조부모와 아동	1	3
기타	4	25
불명확	4	22

＊ 후지사와 시 조사에서는 이 밖에 미기입과 무효 응답이 총 10건이었다.

사에서는 한 부모 가정 구성이 '어머니와 자녀'인지, '아버지와 자녀'인지도 물었다. 그 결과 '어머니와 자녀'가 203건, '아버지와 자녀'가 25건이었다. 이는 인구총조사의 일반 세대가족 유형과 비교해도 높은 비율로, 한 부모 가정에서 부모가 돌봄이 필요한 상태일 때 아동이 돌봄을 맡는 상황이 생기기 쉽다. 다만 표에서 볼 수 있듯이, 양 부모 가정에서도 아동이 돌봄을 맡는 사례가 적지 않았다. 돌봄은 정해진 시간에 그곳에 있어야 하는 일이다. 건강한 부모라도 일 때문에 집을 비울 때 아동이 돌봄이 필요한 가족의 돌봄을 맡는 것으로 보인다.

아동이 돌보는 내용

아동이 돌보는 내용에 관해서는 영국의 영 케어러 조사를 참고해 표에 있는 10개 항목에서 해당하는 것을 모두 선택하도

표 2–6 아동이 돌보는 내용

	미나미오오누마 시 (대상 응답 수 : 65)	후지사와 시 (대상 응답 수 : 508)
집안일(요리, 청소, 빨래 등)	35	275
장보기, 집 안 수리, 무거운 물건 옮기기 등	6	99
공과금 납부, 병원 동행, 통역 등	3	30
일상생활 수발(식사나 옷 갈아입기 보조, 이동 보조 등)	11	83
의료 관련 수발(약 복용 관리, 가래 제거 등)	1	5
감정 지원(돌봄 대상자의 정신 상태를 지켜보며 말하는 것에 대응하기, 기분이 가라앉았을 때 격려하기 등)	11	67
신체 돌봄(목욕 보조, 용변 보조, 몸 닦기 등)	4	13
형제 돌보기	31	268
기타(구체적으로)	5	33
모름	5	28

록 했다. 그중에 많은 항목은 '집안일'과 '형제 돌보기'로 나타났다(표 2-6).

성인 케어러라면 '일상생활 수발'이나 '신체 돌봄'에 주목하기 쉽지만, 초등학교와 중학교 교사들은 '집안일'이나 '형제 돌보기'도 영 케어러의 돌봄으로 인식했다. 교사들은 그 연령대 아동의 일반적인 생활을 알기에, 영 케어러가 또래 아동보다 얼마나 많은 책임과 노동을 감당하는지 파악했다. 영 케어러는 '케어러'이기 전에 '아동'이고, 그 부담은 비슷한 연령대 아동과 견줘서 생각해야 하며, 그 책임과 노동이 아동의 나이와 성장 단계에 적절한지 고려해야 한다. 미나미우오누마 시와 후지사와 시 조사에서 드러난 교사의 관점은 앞으로 영 케어러 지원에 중요한 단서가 될 것이다.

아동이 가족을 돌보는 사실을 알게 된 계기

아동이 가족을 돌보는 것을 깨달은 계기에 관해 자유롭게 작성한 내용을 분류해 분석했다. '아동 본인의 이야기'가 압도적으로 많았다(표 2-7). 예를 들어 "아동이 '오늘은 뭘 만들까' 하고 말하기에, 매일 직접 저녁을 차리느냐고 물었더니 그렇다고 했다" "(아동이) 동생을 보느라 학교에 자주 빠진다고 말했다" 등 일상적인 대화를 나누다가 아동이 스스럼없이 말하는 경우다.

교사가 결석이나 지각한 이유를 묻는 과정에서 아는 사례

표 2-7 아동이 가족을 돌보는 사실을 알게 된 계기

	미나미우오누마 시 (대상 응답 수 : 65)	후지사와 시 (대상 응답 수 : 450)
아동 본인이 이야기	30	206
결석(후지사와 시 조사만 해당)	–	72
보호자가 이야기	7	68
가정방문	7	58
담임에게 들었음, 인계	8	63
직접 보거나 경험	7	19

* 표에서는 응답 수가 많은 항목을 중심으로 소개한다. '결석'은 미나미우오누마 시 조사에서 '지각 · 조퇴 · 결석 · 방과 후 활동 불참 이유' 항목으로 묶었지만, 후지사와 시 조사에서는 별도 항목으로 만드는 편이 낫다고 판단했다.

도 많았다. 학생 면담, 보건실에서 대화, 문제 행동에 관한 청취 과정에서 알게 되기도 했다. '결석' 항목은 후지사와 시 조사에만 분류 항목에 넣었다. 결석이 계속됐을 때 교사가 가정방문으로 아동이 돌봄을 맡고 있음을 알게 되는 사례가 많은 듯했다. '보호자가 이야기'는 면담에서 학생이 자주 결석한다고 하면 어머니가 본인의 통원 치료에 동행했다고 해서 알게 되는 식이다. '직접 보거나 경험' 항목은 '학교를 멋대로 빠져나가 보육원에 형제를 데리러 갔다' '장 보는 모습을 본 적이 있다' '담임교사가 하는 말을 중국어로 통역하는 모습을 봤다' 같은 답변을 정리해 만들었다.

아동이 가족을 어느 정도 기간 돌보는가에 대한 교사의 인식

아동이 가족을 어느 정도 기간 돌보느냐는 질문에 '모른다'는 답변이 미나미우오누마 시는 65건 중 50건(76.9%), 후지사와 시는 508건 중 403건(79.3%)을 차지했다. 이처럼 아동이 가족을 돌보는 기간은 교사가 알지 못하는 경우가 많았다.

'알고 있다'고 답한 경우 구체적으로 어느 정도 기간인지 적도록 해서 분류했다. 후지사와 시 조사에서는 3년 이상(39건)이 가장 많고, 2~3년 미만(28건)이 그다음이었다. 아동이 가족을 돌보는 기간을 '아는' 경우, 그 기간은 수년 단위일 때가 많았다. 장기간 돌봄이 아동의 학교생활에도 영향을 미친다고 추측된다.

영 케어러 가정을 돕는 사람에 관한 교사의 인식

교사는 아동 외에 그 가정을 돕는 사람이 있는지 모르는 경우가 많아 보였다. 다만 후지사와 시는 '모른다'고 답한 사람이 59.8%인데, 미나미우오누마 시는 40%로 나타났다. 이는 주민들 관계가 어느 정도 가까운 미나미우오누마 시와 이웃과 거리가 있는 후지사와 시의 지역성 차이가 나타난 것으로 보인다(그림 2-2). 돕는 사람이 '있다'고 한 응답자에게는 표의 7개 항목 가운데 해당하는 것에 모두 동그라미 치게 했다. 돕는 사람은 '친척'이 많았다(표 2-8). 그들이 얼마나 자주 집에 오는지는 이 조사에서 알 수 없었다.

그림 2–2 영 케어러 가정을 돕는 사람

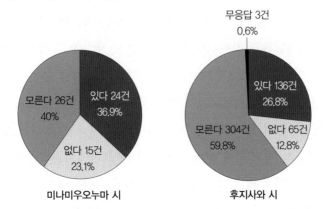

미나미우오누마 시   후지사와 시

표 2–8 영 케어러 가정을 돕는 사람

	미나미우오누마 시 (대상 응답 수 : 24)	후지사와 시 (대상 응답 수 : 136)
친척	14	64
이웃, 자원봉사자	1	13
방문 요양	2	8
방문 진료, 방문 간병 등	1	6
데이 케어, 단기 보호 등	2	5
자세히 모른다	2	12
기타	9	49

아동의 학교생활에 미치는 영향

아동의 학교생활에 미치는 영향은 표에 있는 항목에서 해당하는 것을 모두 고르게 했다. '결석' '지각'이 많았다(표 2-9). 여기서 가족을 돌보기 위해 학교에 가지 못하거나, 제시간에 등교하지 못하는 아동의 존재가 드러난다. 아동이 교육받을

표 2-9 아동의 학교생활에 미치는 영향

	미나미우오누마 시 (대상 응답 수 : 52)	후지사와 시 대상 응답 수 : 497)
지각	21	201
조퇴	6	43
결석	23	286
물건을 깜박하다	13	134
숙제를 하지 않는다	18	141
학습 능력이 부진하다	15	212
위생 상태가 좋지 않다	12	86
영양 상태가 좋지 않다	6	78
방과 후 활동에 참여하지 못한다	6	60
친구나 학우와 관계가 좋지 않다	13	83
기타	7	46
영향이 없다 (후지사와 시만 해당)	-	53

기회는 최소한의 권리지만, 영 케어러에게는 그 권리가 지켜지지 않는다. 이런 상황을 해결하기 위한 대책을 조속히 마련해야 한다. '학습 능력이 부진하다'는 응답도 주의할 지점이다. 이 결과를 볼 때, 교사들은 돌봄이 아동의 출결과 학습 능력에 미치는 영향을 인식하고 있었다.

이 설문에서 '영향이 없다'는 응답도 있었다. 이는 미나미우오누마 시 조사에서 자필로 '영향이 없다'고 쓴 응답이 여러 건 나온 것을 보고, 후지사와 시 조사에서 늘린 항목이다. 4장 인터뷰에서 나타나듯이 영 케어러는 처음에 최선을 다하지만, 돌봄이 장기화하면 더 버티지 못하고 학교생활을 포기하는 사례가 적지 않다. 학교 현장에서 영 케어러의 존재가 조금씩 인식되고 있지만, 등교 거부나 문제 행동이 발생한 뒤에야 지원으로 이어질 때가 많다.

미나미우오누마 시의 학교사회복지사는 영 케어러가 돌봄을 맡는다는 사실을 교사가 알지 못한 채 몇 년이 지나가는 동안 아동은 자존감과 자신감을 잃고 학교와 멀어진다며 서둘러 연결 지점을 만드는 것이 중요하다고 말했다.

아동에게 자존감이 남아 있을 때 알아차리는 것이 중요하다. (아동이 아직 최선을 다하고 그것을) "대견하다"고 말할 수 있을 때, 연결 지점을 만들어야 한다. 위험 단계에 도달하기 전에, 아동이 무너지기 전에 연결 지점을 만드는 것이다.

영 케어러 지원은 학교생활에서 이미 나타난 영향에 사후적으로 대처하는 것뿐만 아니라, 예방하는 관점에서도 이뤄져야 한다.

영국의 영 케어러 조사와 비교

두 도시의 조사에서 아동이 맡은 돌봄에 집안일이 다수 언급되는데, 이는 영국의 영 케어러 전국 조사 결과와 일치한다.[35] 영국에서는 1995년, 1997년, 2003년에 영 케어러를 대상으로 전국 규모의 조사를 했다. 2003년 전체 응답자 6178명의 데이터를 분석한 결과에서 나타난 영 케어러의 경향은 다음과 같다.

1. 아동이 돌보는 대상은 주로 어머니(59%)이며, 한 부모 가정은 그 비율이 더 높다(70%).
2. 지원 서비스를 이용하는 아동의 나이는 평균 12세다.
3. 아동의 주된 돌봄은 집안일과 정신적 부분 지원이다.
4. 아동의 나이가 많아짐에 따라 돌봄의 양이 늘고, 성별 차이도 크다(특히 집안일과 일상적인 돌봄의 비율은 남자보다 여자가 높다).
5. 아동 370명이 주 20시간 이상 돌보는 일을 한다.

표 2-10 아동이 하는 돌봄의 내용에 관한 비교

	영국 1995년 조사 (대상 응답 수 : 641)	영국 1997년 조사 (대상 응답 수 : 2303)	영국 2003년 조사 (대상 응답 수 : 5116)	미나미오오누마 시 (대상 응답 수 : 65)	후지사와 시 (대상 응답 수 : 508)
집안일(요리, 청소, 빨래 등)	65%	72%	68%	53.8% (35)	54.1% (275)
일반적인 돌봄 (약 복용 관리, 옷 갈아입기, 이동 보조 등)	61%	57%	48%	—	—
정신적인 부분 지원	25%	43%	82%	16.9% (11)	13.2% (67)
신체 돌봄(목욕과 용변 보조 등)	23%	21%	18%	6.2% (4)	2.6% (13)
형제 돌보기	11%	7%	11%	47.7% (31)	52.8% (268)
기타	10%	29%	7%	—	—

* Chris Dearden and Saul Becker, Young Carers in the UK: The 2004 Report 7쪽에 있는 표를 토대로 작성. 영국의 2003년 조사 대상 응답 수는 이 질문 항목에 대해서는 5116건으로, 1062건이 '누락된 경우'로 나타났다. 영국의 조사에서 쓰인 '일반적인 돌봄' 항목은 미나미오오누마 시와 후지사와 시 조사에서 세분되기 때문에 '일반적인 돌봄'과 '기타' 수치는 표기하지 않았다.

6. 돌봄 부담이 큰 아동은 친구 관계나 방과 후 활동, 놀이, 공부와 숙제에 충분한 시간을 쓰지 못하며, 11~15세 영 케어러 네 명 중 한 명은 교육상 문제가 있다.[36]

미나미우오누마 시와 후지사와시의 조사 항목이 영국의 조사와 같지 않지만, 아동이 돌보는 대상이 주로 어머니고 돌보는 내용이 집안일이라는 점에서 일본과 영국의 영 케어러에 공통점이 보였다(표 2-10). 아동이 목욕·용변 보조와 같은 '신체 돌봄'을 하는 경우는 집안일보다 적었고, 가능하면 그런 일은 피하는 경향이 있다는 것도 영국에서 지적된 바와 같다. 돌봄 내용을 영국의 조사와 비교할 때, 일본에서는 '형제 돌보기'를 하는 아동이 많다는 점이 눈에 띈다. 영국의 전국 조사에서 '형제 돌보기'를 하는 아동은 1995년 11%, 1997년 7%, 2003년 11%로 나타났으나,[37] 미나미우오누마 시에서는 47.7%, 후지사와 시에서는 52.8%였다.

일본에서 처음 교사를 대상으로 진행한 영 케어러 조사는 2011년 기타야마 사와코가 작성한 효고교육대학대학원 석사 논문 〈가정 내 역할을 맡은 아이들의 현실과 과제—영 케어러 실태 조사에서〉에 비슷한 결과가 있다. 이 조사는 일본의 두 주요 도시 교사를 대상으로 했고, 18개 공립 중학교 담임교사 140명의 응답을 집계했다. 총 4285명 가운데 55명이 어떤 형태로든 가족을 돌보는 것으로 확인됐다. 아동이 하는 일은 집안일 전반(40명)과 형제 돌보기(42명)가 많았고, 가정 내 과도한 역할로 나타난 학교생활의 영향은 '빠뜨리는 물건이 많다'는 점이 특히 지적됐다.[38]

일본에서 영국보다 아동이 형제를 보살피는 사례가 많은 배경에는 몇 가지 요인이 있어 보인다. 첫째, 일본이 영국보다 성인 노동시간이 길다 보니 집에서 아동이 형제를 보살피는 사례가 많을 수 있다. 예를 들어 일본에서 싱글맘의 취업률은 80%가 넘으며, 비정규 노동을 여러 가지 병행하는 사람도 있다. 부모가 자녀와 함께 있는 시간이 확보되는 지원은 일본에서 충분히 고려되지 않는다. 둘째, 일본에서 영 케어러 조사는 교사를 대상으로 했으며, 교사는 아동이 형제를 돌보는 상황을 발견하기 쉽다. 특히 같은 학교에 형제가 다니는 경우, 교사는 나이 많은 아동이 어린 동생을 보살피는 상황을 민감하게 알아차리는 듯하다.

아동이 조부모를 돌보는 사례 역시 영국보다 일본이 많았다. 예를 들어 미나미우오누마 시 조사에서 아동이 어떻게 돌봄을 맡았느냐는 질문에 '조부모의 질환, 부모는 일 때문에 제대로 돌볼 수 없다' '조부모와 셋이 살다가 할아버지 사망 후 치매가 온 할머니와 둘이 살게 됐다' '부모가 이혼하고 한 부모와 자녀, 할머니가 함께 살다가 부모는 일하러 나갔다. 할머니가 병에 걸려 돌봄이 필요한 상태여서 손자가 돌보게 됐다'처럼 원래 조부모와 동거하거나 가까이 살다가 조부모가 돌봄이 필요한 상태가 됐을 때, 회사 생활로 바쁜 부모를 대신해 아동이 조부모를 돌보기 시작했다는 답변이 상당수였다.

일본도 핵가족화가 진행 중이지만, 유럽보다는 고령자가 자녀나 손자와 함께 사는 사례가 많다. 《2017년 판 고령 사회 백서》에는 65세 이상 고령자가 있는 세대 수가 2015년 2372만 4000세대, 그중 12.2%에 해당하는 290만 6000세대가 3세대 가구로 나타났다.[39] 이런 주거 형태가 나타나는 일본 사회에서는 아동이 보조 간병인이나 주 간병인으로 조부모의 돌봄에 관여하는 경우도 영 케어러의 유형으로 존재한다고 볼 수 있다.

오사카치과대학의 하마시마 요시에와 간사이가쿠인대학의 미야가와 마사미쓰가 2016년 오사카부 공립 고등학교 10개교 학생을 대상으로 한 설문 조사에서 얻은 응답 5246건을 분석한 결과 역시 이런 가능성을 뒷받침한다. 이 조사에서 고등학생이 돌봄이 필요한 가족으로 많이 언급한 사람은 부모보다 조부모였다. 돌봄이 필요한 가족이 있고, 그것이 누구인지 선택하는 응답 270건 가운데 할아버지 61명, 할머니 129명, 아버지 27명, 어머니 55명, 손위 형제 16명, 손아래 형제 43명, 기타 17명이었다(응답 270건 중 62건은 돌봄이 필요한 가족이 여러 명 있다고 답해, 해당 항목을 모두 선택하게 했다). 이 조사에서는 돌봄의 책임이 크지 않은 사람도 포

함되나, 고등학생 39명은 학교에 가는 날 4시간 이상 돌봄을 한다고 답했다.[40]

하마시마와 미야가와의 조사처럼 아동이 직접 응답하는 방식은 아직 일본에서 거의 실시하지 않았다. 그러나 앞으로 더 많은 데이터가 모일 것으로 보인다. 이런 조사가 쌓이면 일본의 영 케어러 실태와 특징이 더 자세히 보일 것이다.*

\

후발 주자로서 이점과 조사한 지역의 특징

일본에서 조사를 시작할 때, 약 30년에 걸쳐 영 케어러를 조사한 영국의 경험이 큰 도움이 됐다. 영국이 시행착오를 겪는 과정에서 얻은 발견과 성과를 참고해 조사했다. 일본에서 '영 케어러'를 알릴 때도 인터넷에 영어로 게시된 영국의 다양한 사례와 자료가 유익했다. 2010년 무렵에는 인터넷 검색창에 일본어로 '영 케어러'를 입력해도 나오는 게 거의 없었기 때문이다.

최근 영 케어러에 대한 관심은 놀라울 정도다. 영 케어러

---

* 일본 정부는 2020년 12월에 처음으로 영 케어러 전국 실태 조사를 했다. 전국의 공립 중학교 1000개교 2학년과 전일제 공립 고등학교 350개교 2학년 학생을 대상으로 조사한 결과 각각 5.7%, 4.1%가 가족을 돌보는 것으로 밝혀졌다.

취재 열기가 2014년처럼 뜨겁진 않지만, 관심 있는 사람이 늘고 언론에서도 다룬다. 2016년 3월에 니혼게이자이신문은 〈돌봄에 내몰리는 청년들, '영 케어러'의 고독〉, 9월 2일에 야후! 뉴스는 〈영 케어러란 무엇인가―젊은 간병인들의 어려움과 희망〉이라는 기사를 실었다.[41] 2018년 3월 16일에는 요미우리신문이 〈조부모 돌봄, 고립된 청년〉이라는 기사를 냈다.[42] 영국이 10여 년간 겪은 시행착오를 일본은 몇 년 만에 뒤쫓는 상황이다.

일본의 또 다른 특징은 영 케어러에 대한 교육 관계자의 높은 관심이다. 미나미우오누마 시와 후지사와 시의 사례에 나타나듯이, 일본의 학교 관계자는 영 케어러 조사에 협조적이다. 영국에서는 영 케어러에 대한 사회적 관심이 높아진 뒤에도 영 케어러 조사와 지원에 학교가 적극적으로 관여하기까지 시간이 걸렸다. 영국 교육표준청Office for Standards in Education, Ofsted의 학교 평가 시스템에 따라 '좋은 학교' 랭킹이 정해지기 때문에 '학교에 영 케어러가 있습니까?'라는 질문을 받으면 '아니요, 우리 학교는 문제없습니다' 같은 태도를 보이는 경우가 많았다고 한다. 영 케어러의 존재가 학교 평가에 부정적 영향을 줄 수 있다고 우려한 것이다.

영국의 영 케어러 지원 단체는 학교 측이 영 케어러를 배려할 동기를 마련하려고 노력했다. 예를 들어 영 케어러 지원에 협조적인 학교를 평가하는 상을 만들어 '세심하게 지원하는 학교에는 상을 준다' '금상을 받으면 학교의 자랑거리가 될 것'이라며 장려했다. 최근에는 100곳이 넘는 학교가 수상을 목표로 신청했다고 한다.

이는 일본의 기업이 육아를 적극적으로 지원하고 있음을 알리고자 '쿠루민'이나 '플라티나 쿠루민' 인증을 받기 위해 애쓰는 것과 유사하다(후생노동성은 '차세대 육성 지원 대책 추진법'에 근거해 행동 계획을 만들고, 일정 기준을 충족한 기업의 신청 내용을 심사해 육아 지원 기업에 쿠루민 인증을 시행한다. 인증 받은 기업은 광고에 쿠루민 마크를 사용할 수 있다. 플라티나 쿠루민은 쿠루민 인증을 받은 기업 중에 수준 높은 육아 지원 정책을 하는 기업에 발급한다. 내 제자들도 취업 활동 당시 기업에서 쿠루민 인증 관련 설명을 여러 번 들었다고 말했다).

수상을 목표로 한 결과, 각 학교에서 영 케어러 지원 방침이나 상담 교사를 정하며 영 케어러를 배려하는 환경이 조성되고 있다. 다만 일본에서는 이런 학교 평가 시스템과 별도로 학생의 상황을 배려하는 교사가 많아, '영 케어러'라는 용어를 알고 바로 협력하는 경향이 두드러졌다. 미나미우오누마 시와 후지사와 시는 교육위원회의 협조를 받아 조사하기 전에 학교장 회의에서 조사의 취지를 설명했는데, 찬성하는 교사가 많았다. 다시 말해 미나미우오누마 시와 후지사와 시는 조사할 토양이 갖춰진 것으로 보인다.

미나미우오누마 시에서는 2013년 우여곡절 끝에 시립종합

지원학교가 개교했다. 이 학교가 유튜브에 올린 동영상 〈사랑하는 포춘 쿠키 미나미우오누마시립종합지원학교 Ver.〉은 2018년 3월 말 현재 조회 수 4만 8200회다. 당시 시장을 비롯해 교육위원회와 행정·학교 관계자가 함께 춤추는 모습이 압권이다. 이 학교가 지역에서 얼마나 지지를 받았고, 사람들을 이어주는 역할을 했는지 알 수 있다. 이런 지역 분위기가 화제를 모아 2016년 미나미우오누마 시에서 스페셜올림픽(지적장애인이 참가하는 올림픽) 일본 동계 내셔널 경기를 개최했다. 영 케어러에 관한 조사에 좋은 기회라며 협조한 것도 교육 관계자의 결속과 무관하지 않다.

후지사와 시는 장애가 있는 학생을 대상으로 '특별 지원 교육'의 인식을 확대해 어려움을 겪는 모든 학생을 위한 '지원 교육' 이념을 내걸었으며, 그 안에서 '영 케어러'라는 용어를 받아들였다. 교육위원회와 쇼난교직원조합의 협조를 받아 2016년 후지사와 시에서 영 케어러 조사를 했다.

지역에서 조사한 결과, 영 케어러일 가능성이 있는 아동의 존재를 인식하는 교사가 상당수 있다는 점과 아동이 처한 구체적인 상황도 밝혀졌다. 이런 조사를 통해 영 케어러를 향한 교육·복지 관계자의 관심이 높아지고 있다.

3

—

조사 후 지원 체계 만들기

2장에서 살펴본 것처럼 미나미우오누마 시와 후지사와 시의 공립 초등학교·중학교 교사들은 영 케어러의 존재를 알았다. 하지만 조사 결과를 바탕으로 지원 체계를 만드는 문제는 새로운 단계의 일이었다. '영 케어러'의 존재가 보이면서 애쓰는 그들이 무너지기 전에 지원해야 한다는 생각에는 모두 동의하지만, 누가 무엇을 어디까지 책임질지 가능한 범위를 명확히 정하기는 상당히 힘든 작업이다. 제한된 인원과 재원, 종전 업무와 균형을 고려해야 하기 때문이다.

이 장에서는 공립 초등학교·중학교 교사를 대상으로 영 케어러 실태 조사를 한 뒤, 미나미우오누마 시와 후지사와 시가 어떤 시도를 했는지 이야기할 것이다. 지자체 각 부서가 영 케어러 실태 조사 결과를 공유하고, 어떤 방식으로든 지원 체계를 만들고자 한 사례는 아직 많지 않다. 두 도시의 대책은 다른 지역이 참고할 만한 지점도 있으므로 그 과정을 상세히 소개하고자 한다.

미나미우오누마 시는 2015년 조사 후 이듬해부터 여러 부문에서 논의와 연수를 진행하고 있다. 2016년에는 일본케어러연맹 '영 케어러 프로젝트'와 함께 교육위원회 학교교육과,

아동·청년육성지원센터, 복지보건부, 호쿠신초등학교, 사회복지협의회가 참여한 영 케어러 지원에 관한 논의와 워크숍 등 총 네 차례 모임이 열렸다. 부서별 미팅에서는 각 기관이 지금까지 업무를 통해 영 케어러일지 모르는 아동을 접한 적이 있는지, 어떤 사례인지, 소속 기관의 업무와 지원할 수 있는 일은 무엇인지 논의했다. 논의를 거치며 미나미우오누마 시에서 영 케어러 지원에 유용할 네트워크와 체계가 점차 분명해졌다.

\

미나미우오누마 시 교육위원회와 학교사회복지사

나구모 겐지 교육위원장과 학교교육과 직원, 초다 미치루 학교사회복지사가 참석한 회의에서는 니가타현과 미나미우오누마 시 학교사회복지사와 학교의 연계 상황이 나타났다. 2016년 기준 니가타현에 소속된 학교사회복지사는 6명, 기타 기초 자치단체인 시·정·촌에 학교사회복지사가 있는 곳은 시바타 시, 조에쓰 시, 니가타 시 등이다. 초다 씨는 미나미우오누마 시, 산조 시, 쓰바메 시, 야히코 촌과 계약하고 있다. 학교사회복지사는 다양한 상담 요청을 받기 때문에 영 케어러만 대응하긴 힘들다며, 아동에게 SOS를 받을 때 초등학교·중학교 교사가 가장 중요하다고 강조했다.

각 학교는 정기적으로 교내 회의를 열어, 우려되는 아동에 관한 정보를 공유하고 필요에 따라 교육위원회와 학교사회 복지사에게 연결한다. 문제가 있을지 모르는 아동과 부모를 찾으려는 자세를 갖춘 학교에서는 발견이 빠르고, 문제가 복잡해지기 전에 외부와 연계하거나 학교사회복지사에게 연락하는 등 신속히 대응한다. 학교사회복지사도 '어려움에 닥친 아동을 발견하는 법' '부모의 이야기를 듣는 방법' '심리학적 가계도genogram란 무엇인가' '지원하는 방식' '문제 행동은 아동의 SOS' 등 미나미우오누마 시 학교 교사를 대상으로 연수를 한다.

교사들은 연수를 통해 회의 기록지 항목을 꼼꼼히 작성할 수 있게 된다고 한다. 필요한 정보를 개별 지원 회의 전에 공유하고, 회의에서는 아동의 부모가 움직일 수 없는 이유 같은 배경을 충분히 생각한 뒤, 아동의 문제 행동을 환경과 마찰로 이해하고 구체적인 지원책을 모색한다. 학교가 아동의 문제에 관해 모든 걸 끌어안지 않고, 교육위원회에 맡겨도 되겠다고 생각이 바뀌는 것도 연수의 중요한 부분이다.

초다 씨는 자신이 접한 영 케어러 사례를 가능한 범위에서 이야기했다. 예를 들어 부모가 투병 중이라 할아버지가 생계를 책임지고, 차로 운전해 식료품을 사러 가는 가정이 있었다. 할아버지가 고령으로 운전할 수 없게 되자, 첫째 아이가 자전거로 40분을 달려 슈퍼마켓에서 장을 보고 집안일을 도

맡았다. 석 달이 지나자 이런 생활을 견디지 못한 아이는 등교를 거부했고, 문제가 복잡해진 뒤에야 학교사회복지사에게 연결됐다. 초다 씨는 "5년 전이었다면 아이에게 식료품은 생협에서 배달시키면 된다고 알려주면 끝날 일이었다. 그때는 아이도 자존감을 잃기 전이어서 힘들게 자전거를 타고 가지 않아도 도움을 줄 수 있었을 것이다"라고 말했다.

초다 씨에 따르면 아동을 지원할 때는 '무엇을 볼까'라는 관점이 중요하다. 영 케어러가 아닌지, 학대 아동이 아닌지, 발달 장애가 아닌지, 빈곤 문제가 있는지 살핀다. 아동이 무너지기 전에 문제가 무엇인지, 앞으로 어떻게 해나갈지 함께 생각하고, 한계 지점을 파악하는 것도 중요하다. 교사가 이런 점을 발견하기 쉽게 소책자 같은 도구를 마련하면 좋겠다는 제안도 나왔다.

◣

미나미우오누마 시 복지보건부
어느 부서가 영 케어러에 대응할까

교육위원회 논의를 토대로 복지 관계자들과도 이야기할 자리가 마련됐다. 복지보건부에서는 부장 이하 복지과, 노인요양보험과, 육아지원과, 보건과 직원 17명이 모였고, 추가로 호쿠신초등학교 사이키 미치오 교장이 참석했다.

사이키 교장은 '영 케어러'라는 용어를 알게 되면서 학교는 '가족 안에서 아동이 어떤 역할과 책임을 맡고 있는지'와 같은 관점으로 아동을 바라보고, 대응 방식도 달라졌다고 보고했다. '의욕이 없는' 상태가 아니라, '애쓰고 있기에 힘든 상태'로 보는 것이다. 한 부모 가정이 늘고 그 부모가 병에 걸리는 일도 늘어나는 상황이니 학교는 아동의 상황을 파악해 지원하고, 보호자에게 필요한 지원은 관련 기관에 의뢰하고 싶다고 말했다. 이런 아동과 부모를 위한 지원을 장기적으로 원활하게 조정할 조직이 필요하다는 점도 언급했다.

복지보건부는 지금까지 '영 케어러'라는 용어는 사용하지 않았지만, 가족을 돌보는 아동이 있는 가정을 지원해온 몇 가지 사례를 소개했다. 중학생이 부모와 할머니를 돌본 사례, 어머니와 할머니를 돌본 사례, 어머니를 돌본 사례, 초등학생이 어머니와 여동생을 돌본 사례 등 6~7가지 구체적인 사례를 공유했다.

보건과에는 담당하는 지역을 잘 아는 보건사가 여러 명 있고, 필요에 따라 가정방문을 했다. 그러나 정신 질환이 있는 30~40대 어머니를 방문할 때, 취학아동에게 어디까지 확인하면 좋을지 혼란스러웠다. 보건사가 방문하는 낮에 아동은 학교에 있다. 집에 돌아오는 저녁 무렵, 아동에게 어디까지 물으면 좋을지 고민이 된다는 이야기도 나왔다.

어머님과 이야기할 때 아이가 옆에서 듣고 있기에 어디까지 말하면 좋을지 혼란스러운 때도 있었습니다. 가족이 제대로 설명하지 않은 부분을 제가 이러쿵저러쿵 말하면 곤란하지 않을까 신경 쓰인 적도 있습니다.

보건사는 어머니 상태가 안 좋을 때 아이가 저녁을 차리거나 장을 본다는 이야기는 들었지만, 일주일에 몇 번이나 장을 보러 가는지 자세히 물어보지 않았다. '영 케어러'라는 용어를 알고 바로 물어보면 그 정보를 학교나 아동 지원 부서와 공유할 수 있다는 이야기가 나왔다. 나아가 미나미우오누마 시 복지보건부에는 육아지원과 직원과 보건과 소속 보건사가 활발히 정보를 교환하고 있음을 확인했다.

육아지원과와 보건과는 반년 뒤 개별적으로 이야기를 듣는 자리를 마련했다. 육아지원과는 '학대 등 보호가 필요한 아동 대책 지역 협의회'에서 검토한 사례를 중심으로 다루고, 영 케어러에 관해서는 연계 요청이 있을 때 필요에 따라 대응하는 것으로 확인됐다.

보건과는 보건사가 취학 전 아동과 부모의 상황을 상세히 파악하고 있었다. 그러나 초등학교에 입학한 뒤에는 아동에게 발달과제가 있는 경우가 아니면 정보가 거의 들어오지 않는다고 했다. 다만 어머니가 정신적인 문제가 있는 가정에는 꾸준히 방문하고, 이를 통해 영 케어러 지원 방안이 있을 수도 있다는 의견이 나왔다. 젊은 보건사는 다른 과 사회복지사, 임상심리사, 영양사, 생활보호 담당자와 정기적으로 스터디 모임을 열어 사례를 검토하고, 지역사회 진단을 했다. 교육위원회 아동·청년육성지원센터의 임상심리사와도 정보를 교환했다. 이처럼 연계해 일하는 구성원이 같은 관점으로 대응하며 힘을 키워가는 것이 중요하다는 인식이 있었다.

나아가 보건사는 중학교에서 종종 성교육이나 흡연에 관한 설명을 할 때가 있다. 지역의 담당 보건사는 학교보건위원회에서 초등학교·중학교 보건교사와 정보를 교환했다. 보건교사는 아동의 건강관리와 보건실 일로 분주하지만, 평소에 교류가 있다면 보건교사나 교감과 좀 더 협력할 수 있을 것 같다는 이야기도 나왔다.

가정교육지원팀 '덤보의 방'의 가능성

미나미우오누마 시 교육위원회 아동·청년육성지원센터는 아동과 청년, 가정교육 지원을 중심으로 활동한다. 아동과 청년 지원은 센터의 상담원이 주로 대응하고, 가정교육 지원은 학교지원지역본부와 방과 후 아동 교실 활동 외에 '덤보의 방' 구성원이 도우미로서 자원봉사에 가까운 형태로 세심하게 대응한다.

덤보의 방은 원래 초등학교 교장의 요청에 따라 육아 경험이 있는 어머니 중심으로 교내에 마련한 '담소 공간'이었다. 2018년 현재 무이카마치초등학교, 호쿠신초등학교, 시오자와초등학교, 우라사초등학교, 미나미우오누마시립종합지원학교에서 덤보의 방을 운영한다. 코디네이터와 도우미 17명, 자원봉사자 20명 정도가 5개 학교를 돈다.

덤보의 방을 이끄는 코디네이터가 있는 무이카마치초등학교에서는 평일 오전 9시부터 오후 4시까지 아동의 부모와 조부모, 교사 등이 가벼운 마음으로 차를 마시며 이런저런 이야기를 나눈다. 학교에 따라 아동이 함께 이야기를 나누기도 한다. 월 1회 덤보의 방을 운영하는 한 학교에서 이벤트가 열린다. 예를 들어 가을이면 미나미우오누마 시 지역진흥국에서 8가지 버섯을 대량으로 받아 경단, 우동, 카레 등을 넣은 다양한 전골 요리를 만들어 먹고, 지역의 고등학생이 만든 조리법을 레서피 북에 싣기도 한다.

종합지원학교 교사가 쌀 재배를 체험하고 싶다고 요청해서, 인근 농가와 연결해 아이들이 모내기와 벼 베기를 체험하기도 했다. 수확한 고시히카리 쌀을 농협에서 빻아 아동과 함께 2월에는 바움쿠헨, 3월에는 삼색 경단을 만들기도 한다. 등교 거부 조짐이 있는 아동에게 스태프가 "요리 교실이나 만들기 교실에서 도와줄 수 있니?"라고 물으면 장보기와 사진 촬영, 접수 등을 맡아주기도 한다.

덤보의 방은 스태프가 도우미로서 이웃 아주머니처럼 보호자의 고충을 들어주며 공감하고, 여러 곳과 연결해준다. 그리하여 많은 사람이 마음 편히 이야기할 수 있는 자리가 마련된다. 본격적인 상담을 꺼리던 사람도 덤보의 방에서 차를 마시고 과자를 먹으며 이야기를 나눈 뒤 돌아간다.

덤보의 방은 지원의 계속성 차원에서도 효과가 크다. 행정 기관은 수년마다 담당자가 바뀌고, 학교 교사는 아동이 졸업하면 거의 관여할 수 없는데, 덤보의 방은 같은 구성원이 도움이 필요한 가정과 관계를 이어갈 수 있다. 실제로 2008년부터 줄곧 지켜보는 가정도 있다고 한다.

학교 내부에 자리한 덤보의 방 같은 공간은 아동과 교사, 보호자에게 커뮤니케이션의 윤활유 역할을 한다. 다만 재정적으로 불안정한 상태다. 덤보의 방은 2008년부터 2년간 문부과학성 위탁 사업으로 국가에서 재정을 지원했지만, 이후에 현縣 사업이 되다 보니 재정이 빠듯하다. 그래도 많은 사람이 방문하고, 부모와 조부모를 대상으로 한 부모 역할 훈련 강습이나 자녀와 함께하는 만들기·요리 교실 개최 성과 등을 인정받아 시의 추경예산으로 일정 금액을 지원받는다. 2018년 현재 시급 400엔 정도 유상 자원봉사로 운영 중이다. 재정이 불안정해도 구성원의 열정은 대단해서, 적은 예산으로 다양한 활동을 한다.

미나미우오누마 시 사회복지협의회의
아동 학습 지원 사업

미나미우오누마 시 사회복지협의회(이하 사협)에는 고령자 지원을 목적으로 한 사업이 많았다. 미나미우오누마 시 전체 인구에서 65세 이상 고령자가 차지하는 비율은 2015년 기준 29.2%[43]로, 전국 평균 27.3%보다 높다.[44]

사협에서 생활 지원을 담당하는 '생활지원센터 미나미'는 시청 복지보건부 후생복지계와 함께 '2017년 미나미우오누마 시 아동 학습 지원 사업'을 하고 있다. 2017년 4월부터 '무료 학습 지원 교실'이 월요일 오후 4시 30분~6시 30분에 열린다. 2017년 9월 기준 이 교실을 정기적으로 찾는 학생은 7명 정도다.

내가 견학한 날은 참가한 학생이 3명으로, 아이들은 국어 문제집을 풀고 작문을 했다. 학생의 희망 사항을 물어보기 위한 개별 면담도 진행했다. 지도를 맡은 강사는 지역 자원봉사자로, 교사 출신이나 학원 강사도 여러 명 있었다. 학습 지원 교실 사무국의 사협 스태프와 강사는 1회 2시간을 유용하게 쓸 방법에 대해 고민이 많아 보였다. 강사와 사협 스태프는 월 1회 공부 모임을 열어 학생의 현재 상황과 희망 사항, 향후 지도 방향 등을 논의한다. 보호자의 양해를 얻은 경우, 학생이 다니는 학교 교사와 정보를 공유한다. 학교와 학습 지원 교실의 역할 분담을 논의한 다음, 학교는 학생의 진로 상담을 하고, 학습 지원 교실에 기초학력 향상이나 심리 지원을 요청한다.

학교에서는 특정 학생의 요구에 맞춰 학습 지도를 하기 어려우므로, 학습 지원 교실이 부족한 부분을 채워주는 의미가 크나. 나만 학습 지원 교실은 매주 2시간의 정보가 전부라, 학교에 비하면 할 수 있는 일이 제한적이어서 어디까지 할지를 놓고 현장은 시행착오를 겪었다.

각 부서의 강점을 살린다는 것

미나미우오누마 시의 여러 조직과 이야기하는 과정에서 각 부서의 강점과 가능한 분담·연계 방식이 떠올랐다. 이는 영 케어러에 대한 학교의 인식과도 관련된다.

각 학교는 육아지원과나 교육위원회에 지원을 요청하기도 하는데, 주로 발달에 어려움이 있는 아동과 학대가 의심되는 아동, 등교 거부가 계속되는 아동 등 복잡한 사례가 중심이다. 육아지원과와 학교사회복지사는 영 케어러에 관해 이해하고 있지만, 문제가 복잡해지기 전에 학교의 요청을 받는 일은 거의 없었다. 학교로서는 돌봄을 맡은 학생이 신경 쓰이지만, 언제 얼마나 지원해야 하는지 제대로 인식하지 못한 경우가 많았다.

다만 교사 설문 조사와 각 부서 논의를 통해 교사들이 아동의 가정 상황을 어느 정도 알고 있음을 확인했다. 교사들은 때로 가정방문을 해서 상황을 알게 되지만, 돌봄이 필요한 사람의 지원까지 하기는 어려웠다.

지역의 공중위생과 건강 증진을 담당하는 보건사는 신생아 방문*이나 의료상 돌봄이 필요한 가정방문을 통해 아동의 상황에 관해 어렴풋이 듣고 있었다. 그러나 보건사는 돌봄이 필요한 사람을 중심으로 봐야 하기 때문에 아동의 지원까지 하기는 어려웠다. 아동에게 말을 걸고 지켜볼 수 있는 학교와 돌봄이 필요한 사람을 지원하고 의료로 연결하는 보건사. 각자가 정보를 공유해 업무 범위에서 가능한 일을 맞춰간다면, 영 케어러일지도 모르는 아동과 그 가족을 조속히 지원해 아동의 부담을 덜어줄 가능성이 보이기 시작했다.

각 부서의 청취 조사를 통해 미나미우오누마 시 교육 현장에서 영 케어러를 인식하는 교사의 감도를 한 단계 높이는 체계가 필요하다는 점도 분명해졌다. 미나미우오누마 시는

---

* 모자보건법 11조에 따라 신생아의 발육과 영양, 생활환경, 질병 예방 등 육아에 중요한 사항을 지도하기 위해 보건사나 조산사가 생후 28일 이내에 방문하는 제도.

2016년 무렵부터 교육위원회 교육 상담 체계가 강화돼, 베테랑 교사가 지도 주임으로 학교의 상담에 응하는 체계가 만들어졌다. 지도 주임은 모든 교육 상담에 응하고, 상담 내용을 바탕으로 실태를 정확히 파악해 최선의 지원이 이어지도록 관계자와 기관을 신속히 연계하는 역할도 맡았다.

이런 배치로 아동과 가정, 학교에 필요한 지원이 원활해졌다. 앞에서 말했듯이 미나미우오누마 시는 최근 학교사회복지사가 교사 대상 연수를 진행하면서 아동의 상황을 담은 회의 기록지와 심리학적 가계도*를 쓰고 파악하는 법을 공부하며 아동을 바라보는 관점에 대한 의식을 높이고 있다. 앞으로 교사가 더욱더 민감하게 영 케어러의 상황을 파악하고 학교와 교육위원회, 아동·청년육성지원센터의 교육 상담으로 연결할 방법과 수단이 필요하다는 점이 확인됐다.

＼

행정·교육 관계자를 대상으로 한 연수

청취 조사를 하는 동안 2016년 교육위원회가 주최하는 영 케어러 연수가 시작됐다. 2016년 9월에는 '영 케어러에 관해

---

* 가족 내 인물 관계도를 표현한 그림.

알자!'라는 주제로 미나미우오누마 시청에서 연수가 열려 초등학교·중학교 교사와 시청 공무원 57명이 참가했다.

이 연수에는 영국의 중학교에서 하는 단막극(5장에 소개할 수지의 연극)을 세이케이대학 문학부 현대사회학과 학생 12명이 선보이며 영 케어러의 바람이 뭔지 발표했다. 이어서 학교사회복지사 초다 씨가 지금까지 경험한 세 가지 사례를 소개했다. 예를 들어 병에 걸린 어머니 대신 동생을 챙기는 초등학생은 학교에서 돌아오자마자 보육원으로 달려갔다. 초다 씨는 다음과 같이 설명했다.

외부에서는 아무것도 보이지 않아요. '집에 빨리 가네'라는 생각이 들 뿐이죠. 나중에 아이들이 등교 거부 같은 문제 행동을 일으켜 원인을 찾아보면, 그런 돌봄을 하는 거예요. 장 볼 때나 집안일을 할 때 자기가 옆에 없으면 엄마가 걱정한다면서요. 초등학생이 3~4년간 그런 일을 해온 겁니다.

초등학교 5학년 때부터 요리와 장보기, 빨래 등 집안일을 도맡은 아이도 있다. 6학년 아이가 3학년 남동생의 도시락을 싸느라 운동회 날 지각했고, 결국 경기에 참여하지 못했다. 초다 씨가 질문했다. "그때 이 아이는 어떤 기분이었을까요? 지각한 아이에게 교사나 어른들은 어떤 식으로 말했을까요?"

이 아이는 중학생이 돼서 등교를 거부해, 학교사회복지사가 면담을 거듭하니 처음으로 돌봄을 한 이야기를 했다. 초다 씨는 초등학교 교장에게 이야기하자고 제안했고, 교장도 뭐든지 듣겠다고 나섰다. 아이는 자신이 졸업한 초등학교 교장실에서 2시간 반 동안 믿기지 않을 정도로 많은 눈물을 쏟아내며 그간의 일을 털어놨다고 한다.

지금까지 학교에서는 이런 어려움이 있었고, 집에서는 이 정도로 힘들었다. 그러니 숙제도 공부도 할 수 없었고, 학교에 가기 싫었다. 운동회에도 나만 빠져야 했다. 힘들다고 말할 수 없었다. 그래도 이런 일을 해왔다는 걸 알아주길 바랐다.

아이가 다니는 중학교는 등교 거부가 이 아이만의 문제가 아니라고 판단해, 가족을 지원하는 관점에서 필요한 지원으로 연결했다고 한다. 교사들이 적어도 학교에서는 또래답게 생활할 수 있게 어른들이 지켜주자며 노력한 덕분에 아이는 조금이나마 마음의 안정을 얻었다고 한다.

2017년 9월에는 '영 케어러를 깊이 알자!'라는 연수가 열렸다. (1장에 소개한) 과거 영 케어러 경험이 있는 A씨가 기조연설자로 '돌봄이 시작되기까지 나날' '돌봄이 시작되며 달라진 나와 가족, 선생님, 친구 등 인간관계' '고등학교를 휴학하고 퇴학하기까지 과정과 결단의 순간' '돌봄에 전념한 이후

생활' '돌봄이 끝나고 시작되는 것'과 같은 항목에 따라 당시의 경험과 심정을 구체적으로 이야기했다. 조별 토론에서는 A씨가 "아동이 돌봄을 맡는 것을 대하는 태도로 올바른 자세는 무엇이라고 생각합니까?"라고 질문한 뒤 다음 세 가지를 제시했다.

1. 아동이 돌봄을 짊어지지 않도록 가족과 지역사회에 촉구한다.
2. 아동이 돌봄을 짊어질 수 있게 교육하고 능력을 키운다.
3. 아동이 돌봄을 짊어지는 데서 도망치도록 촉구한다.

세 번째 항목은 아동이 돌봄 현장에서 벗어나도록 촉구한다는 내용이다. 활발한 토론이 이어졌다. 정답은 없지만, 참가자들은 각자의 업무를 통해 생각한 아이디어와 제안을 적극적으로 이야기했다. 재택 간병 지원을 하는 같은 조 참가자는 "간병은 좋은 인생 경험이지만, 간병인이 잠을 못 잘 정도로 역할을 맡는 건 좋지 않다. 간병하는 동안은 생각할 기력도 없다. 일단 억지로라도 그 환경에서 벗어나야 생각을 할 수 있으니 때로는 그런 것도 필요하다"는 의견을 냈다. 돌봄을 맡은 사람의 생각을 깊이 듣는 게 중요하고, 속마음을 털어놓아 머릿속을 정리하게 할 수 있다는 의견도 나왔다.

단막극 개발

영 케어러 연수와 함께 초등학교·중학교 아동과 교사에게
영 케어러를 알리는 연극 개발을 추진했다. 영국의 공립 중
학교에서 하는 이 단막극은 지역의 영 케어러와 지원자가
만들었고, 영국 학교의 관습과 학생의 대응 방식, 지원 시스
템에 근거한 내용으로 구성된다. 덤보의 방 스태프와 세이케
이대학 문학부 현대사회학과 학생들이 내용을 검토해, 일본
아동이 바로 이해할 수 있게 대본을 만들기로 했다.

　영 케어러의 상황을 보여주는 전반부에는 주인공 아이와
형제, 부모의 나이, 어머니에게 어떤 병이 있는지, 주인공
의 학교생활에서 어느 부분을 다룰지 등을 의논했다. 후반부
에 영 케어러의 상황이 명확해지고 어떤 지원으로 이어지는
지 설명하는 부분은 검토하면서 어려움이 많아 회의를 거듭
했다. 미나미우오누마 시에는 영국처럼 영 케어러 지원을 도
맡은 단체가 없다 보니, 지원을 쪼개서 생각하고 각 부분의
지원은 누가 맡을 수 있는지 일일이 검토해 할당하는 작업이
필요했기 때문이다.

　예를 들어 자폐 성향이 있다고 설정한 남동생의 등·하교
에 대해서는 사는 지역과 가까운 아동이 함께 등교하는 등교
반, 초등학교 교사의 대처, 아동의 등·하교를 주민이 지켜

보는 '안심 봉사'를 논의했다. 안심 봉사가 담당 구역을 교대로 지켜보는 형태라면 가능할 것 같다는 의견이 나왔다. 영케어러가 아이답게 지내고 자신과 같은 상황에 있는 친구를 만날 기회를 얻기 위해 덤보의 방 이벤트에 초대하거나, 학교 점심시간에 덤보의 방으로 부르자는 의견도 있었다.

미나미우오누마 시는 민생위원*과 아동위원**이 할 수 있는 일, 아동·청년육성지원센터가 연결할 수 있는 부분에 대해 지금도 검토하고 있다.

지역에서 아동을 지원하는 구조

미나미우오누마 시 나구모 겐지 교육위원장은 영 케어러를 조사한 의의에 대해 다음과 같이 말했다.

새로운 부분을 생각할 수 있었다는 점에서 대단히 감사드립니다. 아동과 가족이 겪는 문제를 학교가 지원하는 어려움

---

* 주민의 생활 실태를 파악하고 정보를 제공하는 등 사회복지 관련 행정기관에 협력하는 민간 봉사자.
** 아동과 임산부의 환경을 파악하고 적절한 복지 서비스를 비롯해 필요한 정보를 제공한다.

도 많고, 교육위원회의 여러 스태프는 여전히 부족함을 느끼고 있습니다. (…) 스태프를 갖추고 아이들을 지켜가는 과정에서 '영 케어러'라는 새로운 단면을 생각할 수 있게 된 것이 가장 감사한 부분입니다.

나구모 교육위원장은 교육위원회뿐만 아니라 행정기관 전체와 시의회에서도 영 케어러를 통해 함께 생각할 수 있게 된 것이 커다란 성과라고 이야기했다. 2017년 6월 미나미우오누마 시의회 시정 질문에서 의원들이 영 케어러에 대해 질의하자, 노인요양보험과는 영 케어러의 존재를 인식하고 고립시키지 않기 위한 상담 체계의 필요성을 느낀다고 답변했다. 나구모 교육위원장은 영 케어러라는 새로운 관점이 생긴 뒤, 지나쳐버린 다른 문제도 있을지 모른다는 생각이 들었다고 말했다.

영 케어러에 도달한 것처럼 이외에도 뭔가 있지 않을까. 안테나를 펴고 시야를 좀 더 넓혀야 한다는 책임감이 듭니다. 서 있는 위치가 달라졌다고 할까요. 긴장감이 달라졌습니다.

미나미우오누마 시에서는 아동 수가 줄어 초등학교와 중학교 통합이 나타난다. 교육위원회는 학교 통합과 관련해 12개 지역 커뮤니티에서 주민이 이야기 나누는 자리를 적극적으로 마련하고 있다. 나구모 교육위원장은 손자나 자녀가 없는 집이라도 '학교에 관한 일은 교육위원회가 알아서 하라'고 방관하거나 보호자와 행정기관에 맡기지 않고, 주민이 아동을 지역의 보물로 아끼고 배려하도록 독려하는 게 중요하다고 말한다. 이런 관심이 영 케어러를 포함해 어려움에 닥친 아동을 지키는 일로 연결된다. 행정만으로 진정한 의미에서 아동을 지킬 수 없다. 주민의 관심이 아동과 그 가정까지 지킨다.

후지사와 시의 시도

후지사와 시의회도 2017년 6월 다케무라 마사오 의원이 후지사와 시 영 케어러 조사를 토대로 향후 대처에 대해 질문했다. 시는 복지보건부 지역포괄케어시스템추진실*과 교육부 교육지도과가 담당 부서로 지금까지 복지나 교육 현장에서 가정 내 어려움을 겪는 아동을 지원할 필요성은 인식했으나, 아동이 돌봄을 맡는 것을 의식한 지원은 충분하지 않은

---

* 지역포괄케어시스템은 돌봄이 필요한 상태가 돼도 거주지에서 끝까지 생활할 수 있도록 협력하는 체계다. 후지사와 시는 '더불어 사는 지역사회 실현'을 목표로 지역과 행정기관, 전문 기관이 협력하는 지역 만들기를 추진한다.

상황이라고 설명했다.

스즈키 쓰네오 시장은 답변에서 영 케어러 조사를 통해 집안일과 가족을 돌보는 아동이 많은 실태가 밝혀져 무겁게 받아들인다고 말했다. 아동이 짊어진 돌봄은 해당 가족의 이해를 구하고 복지 서비스와 자원봉사 이용 등으로 대체하는 방법도 있지만, 스스로 목소리를 내기 힘든 아동을 꼼꼼히 살피고 지역 사람들과 함께 새로운 지원 대책과 적절한 지원을 위한 체계를 검토할 필요가 있다고 했다.

6월 25일에는 복지보건부가 '영 케어러에 관한 의견 교환회'를 열었다. 이 자리에는 지역포괄케어시스템추진실, 아동가정과, 청소년과, 생활지원과, 장애복지과 직원 외에 지역의 주임아동위원*과 지역협력센터 관계자까지 총 52명이 모였다. 비가 내리는 일요일 아침인데도 회의장에 모인 사람들은 매우 적극적이었다. 먼저 후지사와 시 영 케어러 조사 결과를 듣고, '지역에서 지켜보고 협력하기 위해 우리가 할 수 있는 일'이라는 주제로 조별 토론을 했다.

내가 참가한 B조에서는 지역의 학습 지원이나 교류 공간 관계자와 커뮤니티사회복지사 등이 모여 정신적인 문제가 있는 어머니를 돌보는 아동, 장애가 있는 남동생을 돌보는

---

* 구역 내 아동위원의 활동을 지원하고 복지 기관과 연락을 조정하는 아동위원.

형제, 외국 국적 어머니에게 통역하는 중학생 등의 사례에 관해 이야기했다. A조에서는 화이트보드에 '우울증으로 일을 지속할 수 없는 어머니, 중학교 1학년 남학생, 초등학교 4학년 남학생과 1학년 여학생, 세 살 아동'이라고 가상의 사례를 설정해 행정기관과 지역의 지원 단체, 중학교, 초등학교, 보육원 등이 어떻게 관여할지 논의했다.

복지보건부 가타야마 무쓰히코 부장은 마무리에서 '깨닫기'와 '연결하기'에 관해 이야기하며, 상황을 언어화해 공유하는 일이 중요하다고 강조했다. 어려움에 처한 사람 중에는 지원이 필요하다고 느끼지 않거나 거부하는 이도 있을 수 있지만, 역시 말을 걸고 이야기를 듣고자 하는 것, 지역에서 활동하는 단체와 행정기관이 연계해 조기에 발견하는 중요성을 이야기했다. 가타야마 부장과 이후 진행한 인터뷰에 따르면 후지사와 교육 현장에는 아동의 상황을 아는 교사도 많지만, 영 케어러 조사를 통해 새롭게 깨닫고 말을 걸 수 있었다고 한다.

후지사와 교육 현장에서는 앞서 언급한 대로 어려움이 있는 모든 아동을 지원하는 '지원 교육'을 시도하고 있었다. 2016년부터 등교 거부 등을 포함한 아동의 문제 해결에 나서는 '아동 지원 담당 교사'가 시 예산으로 7개 시립 초등학교에 배치됐고, 후지사와 시 교육위원회는 2018년까지 시내 모든 초등학교에 아동 지원 담당 교사를 배치하는 게 목표다.

복지와 관련해서도 2013년부터 생활보호 담당 부서에 '아동 도우미'를 배치해 어려움이 있는 아동을 지원해왔다. 2014년 11월부터 후지사와 시 직영 자립 상담 지원 사업인 '백업 후지사와'를 발족해 시내 2곳에서 아동 학습 지원을 시작했다. 이후 아동 도우미가 2명으로 늘어 학교사회복지사, 학교 교사와 연계한다. 아동 도우미는 아동을 찾아가거나 전화를 걸고, 상황에 따라 아침에 일어나는 것을 돕기도 하며 생활에서 자립할 수 있게 지원한다. '문제가 있는 아이'로 취급되던 아동을 '어려움에 부닥친 아이'라는 관점에서 지원한 것이다. 학대 같은 문제가 발생한 뒤 사후 대응뿐만 아니라, 아동이 심각한 상황에 빠지지 않도록 예방하는 지원 대책에도 적극적으로 나서고 있다.

후지사와 시 사회복지협의회도 2016년부터 '백업 후지사와 사협'을 추진한다. 사협은 행정보다 주민과 가까이, 자유롭게 움직일 수 있는 강점을 살려 지역에 뿌리내린 지원을 한다. 주민의 유대와 협력을 촉진하는 '지역의 툇마루'가 시내에 33곳 있고, 그중에는 학교의 학구 단위로 아동과 지역의 성인을 이어주는 공간으로 스태프가 지역 아동을 적절히 지켜보는 체계도 만들었다. 느슨한 연결 속에서 예를 들어 '혹시 요즘 제대로 목욕을 못 하나?'라는 작은 관심이 아이와 부모의 지원으로 이어진다. 시내 5개 지구에 배치된 커뮤니티사회복지사 5명도 유연하게 움직여, 주임아동위원과 민생위원에게 큰 도움이 된다.

후지사와 시는 이처럼 지역에서 아동을 지원하는 토대를 열심히 만들고, 영 케어러라는 관점을 더한 모습이다. 지금까지 한 노력을 바탕으로 지역에서 교육기관과 복지가 밀접히 관여하게 됐는데, 영 케어러의 존재가 가시화하면서 교육과 복지의 공고한 연계를 목표로 하고 있다.

이 장에서는 일본의 영 케어러 실태 조사와 조사 이후 지자체의 대처를 소개했다. 4장에서는 과거 영 케어러의 이야기를 중심으로 아동과 청년의 관점을 살펴볼 것이다.

4

영
케
어
러
의

체
험

"애가 그런 일까지 하고 있어?"

2장에 소개한 실태 조사를 통해 상당수 의료 복지 전문가와 교육 관계자가 돌봄을 맡은 아동을 인지하는 것으로 나타났다. 그러나 일본에서는 일반적으로 아동과 청년이 돌봄을 맡는다는 자체가 여전히 놀라운 일로 여겨진다. 그래서 "애가 그런 일까지 하고 있어?"라고 놀라는 동시에, 종종 '주변의 어른은 뭘 하나'라는 의문이 들기 쉽다.

지금까지 내가 만난 과거 영 케어러와 청년 케어러는 주변 사람들에게 "네가 안 해도 되지 않아?" "부모님에게 맡겨" "시설에 모시면 좋을 텐데" "할머니 간병과 네 미래 중 어느 쪽이 중요하니?"라는 말을 들었다. 할아버지를 간병하던 청년 케어러는 "맞는 말이긴 한데 실제 생활에서 그러지 못하는 게 내 잘못인지, 할아버지와 부모님의 잘못인지 혼란스러웠다"라고 했다.

자녀가 영 케어러로서 자신의 경험을 이야기하면 부모는 면목이 서지 않는다. 돌봄이 필요한 여러 가족을 딸과 함께 필사적으로 간호한 여성이 있다. 어느 날 딸이 영 케어러로서 쓴 수기를 읽은 친척에게 "그런 일까지 애한테 시켰어?"

라는 말을 듣고 비난당하는 것 같았다. 많은 영 케어러의 부모는 이런 말을 듣지 않아도 아이에게 미안하다.

아동이나 청년이 간호한다는 사실을 알았을 때, 왜 주변의 어른은 손을 놓고 있다고 생각할까? 아이가 자기 나이에 맞게 지내지 못하는 책임이 어째서 주변 어른에게만 돌아갈까? 이는 깊이 생각해야 할 문제다. 그렇지 않으면 영 케어러는 자신의 경험을 더욱더 털어놓을 수 없기 때문이다. 그들은 자신이 한 이야기에 가족이 상처받는다면 입을 열지 않으려 할 것이다. 많은 영 케어러의 솔직한 마음이다.

나도 영 케어러 이야기를 처음 들었을 때 '어머니는 뭘 하고 있었을까?' 생각했다. 영 케어러에 관한 여러 자료를 읽고, 나 자신이 육아의 고충을 뼈저리게 느꼈으면서 첫 인터뷰에 그런 의문이 든 것이다.

여기에는 간병 경험이 크게 작용한다. 돌봄의 총량, 야간 노동, 돌봄이 필요한 가족을 향한 마음, 누적된 피로에서 오는 심신의 상태 등을 경험하지 않은 사람에게는 좀처럼 이해하기 힘든 부분이 있다. 특히 교사나 청소년, 대학생, 친척, 학교의 진로 지원 담당자와 기업의 채용 담당자처럼 영 케어러나 청년 케어러를 접하는 사람 중에는 간병 경험이 없는 이가 많다. 이들은 아동이나 청년의 장래를 걱정하는 마음에 선의의 '충고'를 하는 것 같다.

어쩔 수 없는 부분도 있다. 나는 대학에서 학생을 가르치는 교원으로, 학교에서 본 모습을 알 뿐이다. 그들에게 듣는 이야기는 단편적일 수밖에 없다. 한편 교원의 업무는 학생들이 사회에서 원하는 능력을 갖추도록 지원하는 일이다. 성적을 매기는 일도 업무이기에, 공정한 관점에서 학생 개개인의 사정까지 고려할 수 없다. 성적에 가정환경이 어느 정도 영향을 끼친다는 걸 경험적으로 알지만, 교원이 개별 가정사에 개입할 수 없고 그래서도 안 된다고 생각한다.

현재 고등학교 교사로 일하는 과거 영 케어러는 나와 인터뷰할 때, 돌봄의 내용이나 시기, 이유가 명확하지 않은 상태에서는 돌봄을 맡은 아이를 특별히 대할 수 없다고 털어놓았다. 고등학생과 대학생 때 어머니를 간병하다가 떠나보내고 교사가 된 그녀의 말에서 무게가 느껴졌다.

공부 면에서는 특히 그렇게 생각한다. 예를 들어 "부모님 건강이 안 좋아서…"라고 말하는 아이는 계속 그 조건을 안고 살아야 하는데, 그렇다고 자신이 해야 할 일을 안 해도 되는 건 아니다. 말을 걸어주거나 심리적인 지원은 필요하지만, 자신의 조건을 핑계로 살아가도록 하는 건 좋지 않다고 생각한다.

많은 영 케어러가 학교에서 특별한 대우를 바라지 않는다. 다만 이해해주기 바란다. 간병 경험이 없는 교사가 영 케어러일 수 있는 아동과 청년을 대할 때, 당사자와 그 가족이 어떤 상황인지 몇 가지 사례만 알아도 건네는 말이나 태도가 달라지지 않을까.

이 장에서는 이런 생각을 바탕으로 내가 지금까지 진행한 과거 영 케어러와 청년 케어러의 인터뷰를 소개한다. 우선 인터뷰 당시 21세였던 여성 B씨의 사례를 바탕으로 돌봄이 어떻게 전개되고 가족이 역할을 어떻게 분담했는지, 하루를 어떻게 보냈는지, 돌봄에 따른 영향, 돌봄을 마친 뒤의 마음에 대해 살펴본다. 다음은 B씨 인터뷰를 시간의 흐름에 따라 정리하고, 당사자에게 확인한 내용이다.

＼

심부름 수준이 아니다

B씨는 16세부터 20세까지 주로 할머니의 일상적인 수발을 맡았다. 할머니는 다리와 심장에 질환이 있어서 혼자 용변을 해결하지 못했다. B씨 집에서는 모든 악재가 동시에 일어났다. 고등학교 1학년 여름이 끝나갈 무렵, 할아버지와 아버지, B씨가 거의 같은 시기에 쓰러졌다. 할아버지는 뇌경색으로 반신불수가 돼 시설에 들어갔다. 할머니는 심장에 인공 심장 박동기가 있고 다리도 안 좋아, 혼자 지낼 수 없었다. 아버지는 목 디스크가 생겼고, B씨는 더위를 먹어 입원했다.

가족의 생활을 재편성해야 했다. 그때까지 B씨는 사립 고

등학교에 다녔지만, 경제적 부담 때문에 단위제 고등학교*
로 옮겼다. 1학년 커리큘럼부터 다시 시작하는 형태였다. 자
취하던 대학생 오빠와 할머니까지 비좁은 집에서 5명이 살았
다. B씨의 방을 할머니가 써서 B씨는 자신의 공간이 사라졌
다. 처음에 B씨는 늦은 밤까지 패스트푸드점이나 친구네 집
을 전전했다. 밤에 귀가하지 않을 때도 있었다. 가족 사이에
다툼이 잦아졌다. 아버지는 원래 집안일을 하지 않았고, 목
이 아파 빨리 움직이지 못했다. 가족의 생활은 조금 더 넓은
집으로 이사한 뒤 다소 나아졌다.

운전이 가능한 어머니가 할아버지가 지내는 시설에 오가
고, 할머니를 돌보는 일은 대부분 B씨가 맡았다. 맞벌이하는
부모님은 낮에 집에 없었다. 할머니를 입원시키거나 간병인
을 고용하려면 돈이 들었다. 부모님은 B씨에게 낮에만 돌봄
을 맡아달라고 부탁했다. 할머니도 집안일은 여자가 해야 한
다는 생각이 강해서, 오빠보다 B씨에게 의존했다.

평일에 어머니가 집에 오는 시간은 빨라야 저녁 7시, 늦으
면 10시 정도였다. B씨는 고1 때부터 어머니의 퇴근이 늦어
지면 저녁을 차렸다. 학교를 마치고 오는 길에 슈퍼에서 장
을 봐 담백한 죽이나 국물 요리를 만들었다. 채소를 가늘게

---

* 학년 구분 없이 졸업에 필요한 학점을 이수하면 졸업할 수 있는 학교.

썰고 간을 싱겁게 하면 할머니도 먹을 수 있었다. 할머니가 병원에 갈 때는 B씨가 동행해서 할머니에게 필요한 물과 염분 섭취량을 체크했다.

할머니의 약 관리도 B씨의 몫이었다. 처방전을 보고 하루 세 번 약을 나눠서 먹였다. 할머니는 혼자 서지 못하기 때문에 목욕할 때 B씨가 몸을 지탱하면 당신이 손으로 씻었다. 의식이 또렷한 할머니는 직접 요리하고 싶어 했는데, 어느 날 할머니가 작은 불을 내는 바람에 주방 일부가 탔다. 마침 집에 어머니가 있어서 참사는 면했지만, 이후 할머니 혼자 집에 둘 수 없었다.

B씨의 역할은 점점 늘었다. 할머니는 처음에 화장실은 혼자 갈 수 있었지만, 점점 B씨의 도움이 필요했다. 기저귀를 가끔 쓰다가 나중에는 계속 착용해야 하는 상태가 됐다. 냄새도 지독했다. 할머니가 기저귀를 빼는 바람에 시트를 빨아야 할 때도 있었다. 냄새는 맞은편 B씨의 방으로 들어왔다. 방향제를 놔두기도 했지만, 문을 닫았다가는 할머니가 소리를 지르고 무슨 일이 일어날지 두려워서 열어뒀다.

B씨는 밤에 할머니가 잠을 안 자서 난감했다. 할머니는 데이 서비스*에 적응하지 못해, 낮에 시설에서 자고 밤에는 깨

---

* 주간 노인 돌봄 서비스.

어 있었다. 손이 많이 가서 힘들었다. "아프다" "밥 먹고 싶어" 등 계속 뭔가 말했다. 할머니가 통화하는 소리가 다 들리는데, 친척이나 고향 친구에게 종종 전화 걸어 "밥도 제대로 안 준다"며 가족의 흉을 봐서 당황스러웠다. 할머니는 치매 환자가 아니지만, 상황을 모르는 주변 사람들은 B씨 가족이 할머니를 학대하는 건 아닌지 의심했다.

할머니는 데이 서비스에 가기 싫어했다. 원래 다른 지방 사람이기 때문에 말투나 관습이 B씨가 사는 지역과 달랐다. 할머니는 일부러 아픈 척하며 데이 서비스에 가지 않으려고 할 때도 있었다. 그러다 보니 할머니를 집에 혼자 두기가 걱정스러워, B씨가 학교를 빠졌다. B씨의 출석률은 위태로운 수준이었다.

한번은 B씨가 늦은 밤에 공부를 마치고 자려는데, 할머니 상태가 나빠져 구급차를 불렀다. 새벽 1~2시였다. 병원에 동행한 B씨는 한숨도 못 자고 다음 날 모의고사를 보러 갔다. 부모님은 출근해야 해서 아침에 병원으로 왔고, B씨는 그제야 시험을 보러 갔다. 학교 시험을 빠지면 졸업할 수 없으니 부모님이 협조했다.

B씨가 수험생일 때, 할머니는 입원과 퇴원을 자주 반복했다. 입·퇴원 수속은 부모님이 하고 B씨는 할머니 수발을 들거나 필요한 물건을 가져다드렸다. 병원이 학교 근처였는데, 수업 중에 할머니한테 전화가 오기도 했다. 힘없는 목소리로

무엇이 필요하다고 말하면 점심시간에 사다 드렸다.

학교 선생님에게 할머니 상태를 말하면 "할머니 심부름을 하는구나"라는 답이 돌아왔다. 처음에는 B씨도 간병을 한다고 의식하지 않았다. 아버지에게 힘들다고 말했을 때, "그래도 가족이잖아"라는 대답에 어쩔 수 없다고 생각했다. 하지만 3~4년이 지나면서 간병을 한다는 의식이 생겼다. 심부름 하는 수준이 아니었다. 선생님은 B씨가 맡은 돌봄을 할머니 방에 식사를 가져다주는 정도라고 생각했을 것이다. 심부름은 굳이 하지 않아도 되는 일 같지만, B씨가 한 일은 하지 않으면 생명이 위험해졌다. 약 먹이기, 통원, 구급차 부르기, 용변과 식사 보조까지 B씨가 하지 않아도 되는 일은 없었다. 자신이 잠들기 전에 할머니 옆에 있을 때는 항상 그런 느낌이었다.

선생님은 출석률이 안 좋고, 수업 중에 자거나 입시 교재를 들고 오는 B씨를 눈엣가시로 여겼다. 아동이 간병하는 자체를 이해하지 못하니 심부름이라 생각하거나, "시설에 모시면 좋을 텐데"라고 말했다. 하지만 시설에 들어가려면 몇 년을 기다려야 할 때도 있다. 3년이 지나면 고등학교 생활은 끝난다. 돌봄 필요 단계에 따라 이용할 시설이 다르고, 개인 사정 때문에 집에서 돌봐야 할 때도 있다. B씨는 이런 상황을 선생님이 제대로 이해해주기 바랐다.

부모에게 맡기라고 말하는 선생님도 있었다. 하지만 B씨의 부모님은 맞벌이했고, 가족의 간병은 부모님만으로 불가능한 일이었다. 가족이 짊어진 전체 간병에서 어머니가 40%, B씨가 40%, 아버지와 오빠가 10%씩 맡은 상태였다. 아버지나 오빠에게 불만도 있었다. 그러나 아버지는 깊이 생각하면 무슨 짓을 할지 몰랐다. 오빠는 졸업 연구와 취업 준비로 낮에는 집에 없었다.

어머니가 맡은 역할이 가장 많았다. 차로 할아버지가 있는 시설에 오가고, 할머니에 관해서도 금전적인 부분이나 입원 수속 같은 중요한 부분을 맡았다. 케어매니저*가 왔을 때 절차적인 부분은 어머니나 아버지가 했다. B씨가 낮에 할머니 상태가 어떤지 케어매니저에게 전하기도 했지만, 주로 몸을 움직이는 돌봄이 많았다. 어머니와는 연대감이 있었다.

B씨는 친구들에게 할머니 이야기를 하지 않았다. 친구들은 '집에 무슨 일이 있나 보다' 정도로 생각했을 것이다. 도움을 받았지만 상담할 순 없었다. 할머니와 같이 살기 시작한 무렵, 가족과 다퉜을 때는 친구네 집을 전전했다. 밤늦게 패스트푸드점에 있는 B씨를 보고 친구가 "우리 집에서 잘래?"라고 말을 걸었다.

---

* 돌봄이 필요한 사람이 노인 요양 보험 서비스를 이용할 수 있게 돌봄 플랜을 작성하고, 서비스 업체와 이용자의 조정 역할을 하는 전문가.

고등학생 때는 자유 시간이 거의 없었다. 전학한 고등학교에서 1학년 때는 두 달에 한 번 정도 놀러 갔지만, 점점 그럴 수 없었다. 친구와 약속해도 결국 가지 못했다. 그나마 주말은 부모님이 일이 없으면 집에 있었기 때문에 평일보다 자유로운 편이었다. 시간이 있으면 자고 싶었다. 원래 수면 시간이 짧았지만, 수험생 때는 하루에 3~4시간밖에 못 자서 수업 중에 자거나 주말에 미리 자두기도 했다.

기분 전환이 되지 않았다. 할머니 때문에 TV도 마음대로 볼 수 없었다. 할머니 말동무를 하다가 험담을 듣기도 했다. 할머니는 남의 험담을 자주 하고, B씨와 어머니에게 대놓고 험담했다. 늘 참기만 하던 B씨는 지독한 생리통에 시달렸다. 피로가 누적되고, 잠이 부족하고, 친구들과 놀지도 못하고, 나이에 맞게 꾸밀 수 없었다. 그럴 기분이 아니었고 시간도 없었다.

할머니는 B씨가 대학 수험생이던 겨울에 세상을 떠났다. 시험을 앞둔 상황이라 돌아가시기 전 2주간은 요리를 사서 포장해다 드렸다. B씨는 할머니가 돌아가시기 전 2년 동안 자신이 할머니 목을 조르는 꿈을 여러 번 꿨다. 어머니도 언제 폭력을 행사할지 모르는 상태였다. 언젠가 어머니나 자신이 할머니에게 손대지 않을까 무서웠다. '간병 살인'이 남의 일 같지 않았다. 하지만 학교 선생님과 친구에게는 이런 마음을 터놓을 수 없었다.

B씨는 지망한 대학에 떨어졌다. '제대로 공부할 시간이 있었다면 좋았을 텐데' 생각했다. 학원에 다니지 못했다. 공부할 시간과 한숨 돌릴 시간이 있고, 학원까지 다니는 친구들이 부러웠다. 대학 입시와 할머니를 돌보는 일이 동시에 사라지자 1년간 허탈한 상태였다. 해방감이 들기는 했다. 할머니가 돌아가신 뒤 생리통도 사라졌다. 하지만 간병하며 상대방이 나를 의지하고 필요로 하는 데서 삶의 보람을 느끼기도 했다. 돌봄이 중심이던 생활에서 막상 할머니가 돌아가시니 '뭘 해야 하나' 막막했다.

B씨가 '영 케어러'라는 말을 알게 된 건 그 무렵이다. 실제로 자신과 상황이 비슷한 사람들이 있다는 걸 알았다. '주변에 이해해줄 사람이 없을까' 생각했지만, 그런 사람은 없었고 상담하려고도 하지 않았다. 어떻게 말해야 할지 몰랐다. 할머니 옷을 갈아입히는 일도, 식사와 용변을 돕는 일도 말하기 부끄러웠다. 간병하는 젊은 사람이 있다면 이야기를 나누고 싶었다.

B씨는 그 후 입시에 다시 도전해서 대학 생활을 즐기고 있다. 지금 다니는 대학의 학생들은 모두 졸업 후 교사를 희망한다. 일반교양 수업에서 간병이나 장애아에 관한 영상을 볼때가 있지만 거기까지다. '이런 사람들이 교사가 되는구나' 하는 생각이 든다. 그러니 간병을 심부름으로 여기거나, 영케어러가 할머니를 사랑하는 손주라고 생각하는 건 어쩔 수

없는 일 같기도 했다.

대학에 입학한 B씨가 자기소개에서 스물한 살이라고 말하면 주변 사람들은 의아한 표정으로 "그동안 뭐 했어?"라고 묻는다. 그럴 때 간병 이야기는 하지 않고 몸이 아팠다고 한다. 말해봤자 이해받지 못하고, 부끄럽기도 하고 일일이 설명하기 번거로워 말하고 싶지 않다. 학교에서 말하면 수십 명에게 설명해야 한다. 나이를 말하는데 "그동안 뭐 했어?"라니. "몸이 아팠다"고 대답하면 더 파고들지 않는다.

❱

부모와 함께 돌보는 영 케어러가 맡는 일

간병 관련 책에서 B씨와 같은 영 케어러는 '주 간병인'이라고 하지 않는다. B씨 어머니도 상당 부분 돌봄을 맡았기 때문이다. 하지만 가족의 생활을 위해 어머니의 노력만으로 부족해서 B씨가 무거운 돌봄의 책임을 져야 했다.

B씨 부모님은 맞벌이하면서 간병하고, 운전이 필요한 할아버지 돌봄, 퇴근 후 취침 전과 주말에 할머니 돌봄, 할머니와 관련해 케어매니저를 만나는 일과 입·퇴원 수속을 맡았다. B씨는 일하는 부모님을 돕는 형태로 방과 후부터 부모님이 귀가하기까지, 부모님이 자러 간 뒤에 돌봄을 담당하고, 할머니의 밤낮이 뒤바뀐 생활과 데이 서비스 이용 거부, 구

급차 동행에도 대응했다.

B씨처럼 가족이 돌봄을 분담할 경우, 종종 고등학생부터 20대 청년이 야간에 체력이 필요한 돌봄을 맡기도 한다. 부모는 금전적인 부분이나 대외적인 관리, 이동이 필요한 돌봄 등 어른이 할 역할을 맡고, 생계를 위해 일할 수 있도록 체력을 아끼는 것이다. 그러나 젊은 사람이라도 야간 돌봄이 수 개월에서 수년에 걸쳐 계속되면 극도의 수면 부족 상태로 심신의 건강에 영향을 미친다. 자녀는 애쓰는 부모를 돕기 위해 아슬아슬한 상태가 될 때까지 무리하는 경향이 있는데, '젊음'을 지나치게 믿어선 안 된다.

주 간병인으로서 돌봄을 맡은 영 케어러도 있다. 심지어 그 가정에서 '유일한 케어러sole carer'일 때도 있다. 예를 들어 어머니와 한 자녀가 사는 가정에서 어머니가 중병에 걸렸거나 장애가 있을 때, 아동은 유일한 케어러로서 어머니와 살림을 돌봐야 한다.

영 케어러는 대부분 자신을 '간병인'이나 '케어러'로 의식하지 않는다. 자신이 하는 돌봄을 단순히 '생활'로 인식하는 것이다. B씨 역시 아버지에게 힘들다고 말했지만 "그래도 가족이잖아"라는 말을 들었고, 자신의 행위가 '간병'임을 깨닫기까지 수년이 걸렸다.

B씨 이야기를 듣고 돌봄이 끝난 뒤 영 케어러의 상실감에 대해서도 알 수 있었다. 돌봄의 대상이 세상을 떠난 상실감

뿐만 아니라, 자신이 몇 년이나 시간과 에너지를 쏟은 돌봄의 역할이 갑자기 사라진 뒤 밀려오는 허탈함과 공허함에서 벗어나기 쉽지 않다. 마음에 여유가 생기면 또래와 자신을 비교하는 마음이 밀려와, 다양한 감정을 처리하는 데 괴로움을 느낀다.

학교에서 돌봄을 말할 수 없는 구조

과거 영 케어러나 청년 케어러의 이야기에 따르면, 학교에서 간병이나 돌봄에 관해 말해봤자 이해해줄 수 있는 상대가 없으니 말하는 자체를 꺼리는 경우가 많다. 20대에 할아버지의 간병을 맡고 결과적으로 대학원을 중퇴한 C씨는 다음과 같이 말한다.

> C : 학교는 동질적인 공간이잖아요. 같은 세대 사람이 있고, 하는 일도 똑같고. 하지만 그 안에서 평가를 받죠. 학교의 평가라든지 성적이라든지. 같은 경험을 하는 사람이 대부분이라, 이질적인 경험을 하면 제 안에서도 '내가 하는 일이 이상한가?'라는 고민이 생겨요. 처음에는 이야기하지만, 나중에는 받아들여지지 않아요. 왜 받아들여지지 않는지도 몰라요. (…) 학교 선생님이 고민 있으면 이야기하

라고 해서 믿고 말해도 알아주지 않았어요.

나 : 어느 때 알아주지 않는다고 생각해요?

C : 글쎄요, 예를 들면 대다수 사람은 데이 서비스나 단기 보
호 같은 노인 요양 보험에 관해 잘 모르기 때문에 일일
이 설명하기 힘들어요. 어쩌다 제 상황을 이야기하면 "힘
들겠다" "다른 사람도 여러 사정이 있지만 잘하고 있으니
너도 열심히 해"라고 말해요. 맞는 말이지만, 그런 말로
는 내 문제를 어떻게 소화해야 할지 알 수 없어요. 그러다
보면 이야기를 꺼내기 싫어지죠.

동질성이 높은 학교라는 공간에서 '내가 하는 일이 이상한
가?'라는 고민이 생기고, 선생님이나 친구가 노인 요양 보험
에 대해 잘 몰라 일일이 설명해야 하며, 이야기해도 자신이
직면한 문제가 해결되는 느낌이 없으니 아예 말하기 싫어진
다는 것이다.

D씨는 고등학교 1학년 때 아버지가 뇌경색으로 쓰러진 뒤
알츠하이머를 앓고 있다. D씨도 대학 친구에게 아버지를 간
병하는 이야기는 꺼내지 않았다고 말한다.

D : 내가 간병을 한다는 이야기는 대학 친구에게 하지 않았어
요. 친구는 의논 상대가 되지 않아요. 간병 이야기는 집에
서만 하기로 정해져 있었고요. 간병하는 같은 세대와 이

야기할 수 있다면 큰 힘이 됐을 것 같아요. 또래와 일상적인 이야기를 할 때, 데이 케어나 치매, 기저귀, 노인 요양 보험 같은 말이 나오지 않잖아요. 말해봤자 분위기만 싸늘해지겠죠. 이런 이야기를 할 수 있다면 마음이 조금이라도 편했을 거예요.

앞서 말한 A씨도 치매와 간질 발작이 두드러진 할머니를 고등학교 1학년 때부터 6년간 간병했지만, 학교에서 자세히 설명하는 것을 번거롭게 여겼다.

A : 학교 선생님에게 "할머니가 간질 발작을 일으키기 때문에 방과 후 활동은 못 합니다"라고 말했어요. 선생님은 "그래? 괜찮으시니?"라는 반응이었어요. 간질은 생명이 좌우되는 병은 아니죠. 하지만 간질에 관해 설명해도 별수 없어요. 할머니는 경련이 있고 연세가 많아 지친 상태였죠. 선생님은 입원하면 생명과 직결된 것으로 생각하는 모양이더라고요. 인식의 차이가 있고 병에 관한 설명까지 해야 하니 번거로웠어요. 지금 생각하면 제 상황을 남에게 자세히 이야기했다면 좋았을 것 같아요. 할머니 상태가 좋지 않다고 선생님에게 조금씩 상담하는 거죠. 당시에는 상담해도 알아주지 않을 거라고 여겼어요.

A씨는 간병의 피로 때문에 몸이 망가져 고등학교를 휴학하고 간병에 전념하는 길을 선택했다. 결과적으로 복학하지 않고 중퇴했다. 20대 후반이 된 A씨는 그 시절을 돌아보며 다음과 같이 말한다.

A : 고등학생 때는 주변에 말해도 알아주는 사람이 없을 거라 생각했지만, 지금은 알아주지 않아도 이야기해야 한다고 봐요. 상황이 바뀌지 않는다고 해도 아무것도 하지 않는 것보다 나아요. 그때는 신경이 곤두서 있었어요. 항상 긴장한 상태였죠. 영 케어러는 다 그럴지도 몰라요. 남에게 약한 모습을 보이기 싫어서 "저는 괜찮아요"라며 아무렇지도 않은 척하죠. 아마 100명에게 말하면 한두 사람은 알아줬을 텐데, 98명에게 같은 설명을 할 수 없었어요. 간단한 설명은 친구에게 했어요. 하지만 "그렇구나" "힘들겠다" 같은 반응이었어요. 고등학생인 친구가 우리 할머니를 위해서 할 수 있는 일은 없죠. 제가 할머니 돌보는 일을 거들어줄 수도 없고요. 고민을 들어주는 일은 가능하지만, 친구에게는 버거운 고민이에요. 친구가 주말에 어디 놀러 가자고 하면 바로 거절해야 했어요. "다른 약속이 있어…"라고 했지만, 친구는 거짓말이라는 걸 눈치챘을 거예요.

이런 이야기를 통해 영 케어러는 돌봄을 이해하는 사람이 없는 학교에서 간병을 이야기하는 자체가 번거롭고, 이야기해도 자신에게 유의미한 상담으로 느껴지지 않으며, 상황에 맞지 않는 것으로 느꼈음을 알 수 있다.

영 케어러와 청년 케어러는 지식과 경험, 인간관계가 아직 부족해서 자신이 처한 상황을 언어로 표현하기 어려운 면도 있다. 앞서 소개한 B씨는 "'주변에 이해해줄 사람이 없을까' 생각했지만, 그런 사람은 없었고 상담하려고도 하지 않았다. 어떻게 말해야 할지 몰랐다. 할머니 옷을 갈아입히는 일도, 식사와 용변을 돕는 일도 말하기 부끄러웠다"라고 했다. 영 케어러는 정말로 '어떻게 말해야 할지 모르는' 것이다. 19세 때부터 6년간 할머니와 함께 할아버지를 간병한 마쓰자키 미호 씨도 수기에서 다음과 같이 밝혔다.

일단 나에게는 자신의 체험을 터놓을 수 있는 '말'이 없었다. 치매인 할아버지에 대해 어떤 말로 설명하면 좋은지 몰랐다. 옛날과 완전히 달라진 할아버지, 그런 할아버지와 할머니와 내가 매일 꾸려가는 생활을 어떤 말로 이야기해야 사람들에게 이해받을지 짐작도 가지 않았다. 주변 친구나 지인은 대부분 학생이고 아주 젊었기 때문이다. 돌봄은커녕 고령자에 대한 관심이나 지식이 없는 사람이 많았다.[45]

돌봄이 익숙한 중·장년과 달리, 10~20대는 자신이 맡은 돌봄에 대해 생각하거나 정보를 모은 경험이 별로 없다. 그렇기에 자신의 경험을 남과 비교하며 장기적인 전망 속에서 정리·분석하지 못하고, 하루하루를 보내는 것만으로 힘에 부친다. 본인이 느끼고 생각하는 것을 말로 표현하는 데 어려움이 있다.

＼ 또래와 심리적 거리

돌봄을 맡은 아동이나 청년이 중년 케어러에 비해 심각한 문제는 동질성이 높은 학교 같은 집단에서 이질적인 경험을 통해 자신의 감정을 주변과 맞추기 힘들다는 점이다. 고등학생때 어머니가 암에 걸린 E씨는 축구부에서 활동했다. 같은 학년 아이들은 경기를 앞두고 연습에 몰두하는데, E씨는 어머니가 죽을지도 모른다는 불안 때문에 연습을 빠지고 병원으로 갈 때가 많았다. 같은 부원들은 "네가 병원에 간다고 할수 있는 일이 없잖아" "연습에 나와"라고 말했다. E씨는 결국 축구부를 탈퇴했다. 당시 경험은 지금도 E씨에게 괴로운 기억으로 남았다.

E씨처럼 가족의 생사를 의식할 수밖에 없는 상황에 직면한 영 케어러는 또래와 같이 꿈을 향해 학업과 방과 후 활동

에 몰두하며 학창 시절을 보낼 시간과 에너지가 부족하다.
다음은 A씨 이야기다.

A : 인간에게는 집과 학교, 지역에 여러 장소가 있어요. 하
  지만 집에 문제가 생기면 자신의 여러 장소를 유지할
  수 없죠. 사람이 쓸 수 있는 에너지는 한계가 있어요.
  돌봄을 하다 보면 학교에서 자신이 있을 곳을 발견하기
  위한 에너지가 사라져요. 나는 집과 학교에서 내가 있
  을 장소를 찾으려고 했어요. 고등학교에서 친구와 잘
  지내려면 이야기를 따라가야 해요. 그래서 평소 TV 볼
  시간이 없는 와중에 연예인의 화젯거리를 알아보기도
  했어요. 신문이나 뉴스, 드라마 정보를 일부러 찾아보
  는 거죠. 무슨 사건이 일어났다거나, 연예인 누가 결혼
  을 했다더라. 그렇게 알아보지 않으면 간단한 대화에도
  끼어들 수 없거든요. 휴대전화로 드라마의 지난주 줄거
  리를 보기도 했어요. 억지스럽고 허무하죠. 그 드라마
  를 보는 게 아니니까요. 선생님이나 어머니에게 친구
  이야기를 따라가느라 힘들다고 말하지 않았어요. 말하
  기도 피곤하고요.
나 : 본인처럼 돌봄을 맡은 친구가 가까이 있다면 자신이 처
  한 상황을 이야기했을까요?
A : 이야기했을 것 같아요. 내 상황을 누군가 알아주기를

바라는 마음은 있거든요. 포기하면서도 마음속으로는
이해해주길 원하죠. 잊고 있을지라도 누군가 자신의 이
야기를 진지하게 들어줄 사람이 있다면, 계속 이야기했
을 거예요.

이처럼 영 케어러와 청년 케어러에게는 돌봄을 하는 당시
에 그 상황과 고민을 함께 생각해줄 어른이 필요하다. 자신
과 마찬가지로 돌봄을 맡은 또래와 만남도 절실하다.

❚ 영 케어러와 등교 거부의 관계

집에서 돌봄을 맡은 영 케어러에게 학교는 본래 그 나이 아
동으로 지낼 수 있는 공간이다. 지식과 경험을 넓히고 친구
들과 즐겁게 보낸다. 주변 사람들의 이해가 충분하다면 학교
와 연결은 영 케어러에게 유익하지만, 지금까지 본 인터뷰
내용처럼 그들이 학교를 '휴식의 장소'라기보다 '압박감이 드
는 장소'로 받아들이는 사례가 적지 않다. 내가 만난 과거 영
케어러와 청년 케어러 중에도 휴학하거나 중퇴한 사람, 전학
한 사람이 종종 있다.

2장 조사 결과에 나타나듯이 교사들은 돌봄이 아동의 학교
생활에 미치는 영향으로 결석, 지각, 학습 능력 부진, 숙제를

하지 않는 점을 주로 인식했다(57쪽 표 2-9 참조). 결석이 이어져 등교 거부 가능성이 엿보이는 사례도 많았다. 종전 국내외 영 케어러 조사를 봐도 영 케어러와 등교 거부는 어느 정도 연관이 있다. 앞서 본 것처럼 등교 거부 아동 가운데 지원을 받은 영 케어러가 수년간 돌봄에 애쓰다가 끝내 의욕을 잃고 학교에 가지 않은 사례가 있다.

문부과학성이 실시한 〈2016년 아동·학생 문제 행동, 등교 거부 등 학생 지도상 여러 문제에 관한 조사 2〉는 장기 결석 이유를 ① 아동 심신의 '질병' ② 가정 형편이 어려워 교육비를 낼 수 없는 것을 비롯한 '경제적 이유' ③ 아동이 심리적·정서적·신체적·사회적 요인과 배경으로 등교하지 않거나 할 수 없는 상태의 '등교 거부' ④ '기타'로 분류했다. '기타'의 구체적 사례는 '교육에 관한 보호자의 가치관, 몰이해·무관심, 가족의 간병, 집안일 등 집안 사정으로 장기 결석하는 자'다.[46] 아동이 가족의 간병이나 집안일로 장기 결석하는 상황을 교육 관계자도 인지하고 있다.

세계에서 가장 먼저 영 케어러에 주목한 영국도 처음 영 케어러 조사를 한 곳은 지자체 교육 관련 부서다. 1988년 샌드웰 시 교육 관련 직원이 나선 이 조사는 시내 25개 중학교 교직원을 통해 데이터를 수집, 총 1만 6000명 가운데 영 케어러 95명을 발견했다.[47] 1980년대 말부터 1990년대 중반까지 여러 차례 실시한 영 케어러 조사는 지자체와 보건 당국,

재택 간병 지원 단체 등의 위탁과 재정 부문 협력을 받아 진행했는데, 그 배경에는 교육·복지 관련 지자체 창구를 통해 영 케어러의 상황이 전해진 과정이 있었다.

연구자 미토미 기요시는 2000년에 출간한 《영국의 재택 간병인》에서 이 시기에 영 케어러 관련 독자적인 조사를 여러 차례 실시한 배경으로 다음을 지적한다. ① '1989년 아동법'과 1990년 '국민 보건 서비스와 커뮤니티 케어법'에 따라 지자체가 영 케어러를 지원할 책임이 요구된 점 ② 재택간병인전국협의회(2001년 '케어러스UK'로 개칭)가 1990년 '영 케어러 프로젝트'를 발족하고 여론 환기에 나선 점 ③ '학교를 장기간 결석하는 아동을 방문해 알아보니 간병 때문에 어쩔 수 없이 결석하고 있었다' '요양보호사가 이용자의 집을 방문해 서비스를 제공하는 과정에서 아동이 간병하는 것을 봤다' 등 교육·복지 관련 담당자의 보고가 행정 서비스 창구에 들어오기 시작한 점.[48]

등교를 거부하게 되는 과정

영 케어러에게 학교는 어떤 과정을 거쳐 '벗어나고 싶은 장소'가 될까. 심리적인 부분에 주목해 그들이 교육기관에서 벗어나는 과정을 알아보고자 한다.

C씨는 할아버지 간병을 위해 대학원을 중퇴했다. 그는 "학교에서 돌봄에 관해 이해받지 못해도 최종적으로 학교를 그만두려면 몇 가지 단계가 있지 않나"라는 내 질문에 다음과 같이 답했다.

C : 그렇죠. 우선 '학교'라는 곳의 규칙에서 벗어나는 게 견디기 힘들어요.

나 : 어떤 규칙이죠?

C : 예를 들어 지각이나 결석이요. 대학원은 발표가 그렇고요. 한 달 뒤에 발표가 있는데 간병 때문에 제대로 준비를 못 하기도 하고, 직전에 계획이 바뀌어 발표 순서를 미뤄달라고 부탁하기도 해요. 처음에는 "어쩔 수 없지"라고 하지만, 이런 일이 계속되면 "또 미뤄달라고? 정도껏 해!" 식이 되거든요.

나 : 그렇군요.

C : 아침에 등교하면 1교시, 2교시, 3교시가 정해져 있고, 일정한 성적을 거두고 다음 단계로 나가는 규칙이 있잖아요. 결석과 지각을 하는 것부터 평가가 안 좋죠. 저도 그걸 알고요. 어떻게든 만회하려고 노력하면 오히려 괴로워져요. 그런 현재 상황이 힘들고, 어떻게 할 방법도 없으니까요. 악순환이라고 할까. (…) 내가 학교의 규칙에서 벗어나 있으니까 어떻게든 해야 한다고 생각해요. 처음에는

주변 사람들과 상담해서 한 달 뒤로 예정된 발표 순서를 두 달 뒤로 미뤄달라고 부탁하지만, 얼마 안 가서 소용이 없죠. 어떻게든 알아서 해야 한다는 생각이 들어요.

나 : 자기가 어떻게든 해야 한다고 생각하고 수단을 취하기까지 과정이 있지 않아요?

C : 저는 밤을 새우거나 늦은 시간까지 깨어 있기가 정말 어려운데, 그래야 했어요. 간병에 지쳐서 자고 싶지만, 한 시간이라도 더 깨어 있는 상태로 돌봄을 하죠. 그게 한 달이 되고 반년이 되고… 이런 식으로 피로가 쌓이면 어느 지점에서 무너져요.

나 : 어떤 식으로 무너지나요?

C : 학교에 가는 자체가 피곤해요. 아무리 애써도 눈앞에 닥친 일부터 처리하기 급급하니, 학점은 딸 수 있을지 몰라도 졸업에 필요한 논문을 쓰기는 힘들어요. 아무리 노력해도 학교에서 정한 목표를 이룰 수 있다는 비전이 보이지 않고, 그럴 수단도 없어요. 주변 사람에게 상담해봤자 돌아오는 반응은 좋지 않고요. 오히려 고립되죠. 그럼 이제 어떻게 해야 하나 싶어요.

C씨는 대학원생이었기 때문에 구체적으로 들어가면 초등학교나 중학교, 고등학교와 다른 부분이 있을 것이다. 하지만 학교에서 낮은 평가를 받지 않으려 애쓰고, 그때그때 눈

앞에 닥친 일을 처리하다가 지쳐서 꿈을 포기하는 과정은 다른 영 케어러와도 통하는 부분이다. A씨는 능력을 향상해 사회에 도움이 되는 인간을 지향하는 학교와 할 수 있는 일이 점점 줄어드는 사람의 돌봄은 가치관에서 모순이 일어나기도 한다고 말했다.

A : 학교는 어떤 곳이어야 할까? 여러 의견이 있지만, 학교는 자신이 할 수 있는 일을 늘리고 능력을 키워 타인에게 도움을 주는 사람이 되라고 하죠. 알아요. 하지만 집에 계신 제 할머니는 할 수 있는 일이 점점 줄어요.

나 : 할머니요?

A : 할머니가 할 수 있는 일은 점점 줄죠. 걷지 못하고, 밥을 먹을 수도 없고. 물론 그전에 밥을 차릴 수 없고요. 그렇게 스스로 할 수 있는 일이 점점 줄어요. 그 과정에서 이중 잣대라고 해야 할지, 더블 바인드*가 돼요.

나 : 그렇군요.

A : 학교는 능력 향상을 중시하지만, 집에서는 그렇지 않아요. 돌봄이 필요한 사람이 능력을 키우거나, 할 수 있는 일이 늘어날 일은 없으니까요.

----

* 이중 구속. 서로 모순되는 명령이 제시돼 아무것도 할 수 없는 정신 상태.

나 : 네….

A : 그런 사람 옆에 있으면 마음속에서 모순이 생겨요. 내 가족이 할 수 없는 일이 점점 늘어나는데, '가치가 없는 사람일까'라는 생각이 서서히 싹트죠. 이런 모순에 가장 많이 직면하는 사람이 영 케어러 아닐까요. 어느 정도 나이가 있으면 이해하는 면도 있겠지만, 아동일 때는 어느 쪽이 좋은지 고민하죠….

나 : 그렇군요.

A : 고등학생 때는 직접 말하지 않았지만 속으로 생각했어요. 주변 사람들은 성적을 올리라고, 능력을 키우라고 하죠. 집에 계신 할머니는 그와 정반대지만, 주변 사람들이나 사회는 질책하지 않아요. 대립하는 두 가치관이 있는데, 세상 사람들은 별로 생각하지 않으려고 해요. 노인은 그런 법이라고 얼버무리죠. 저는 그 모순에 대해 깊이 생각해야 한다고 봐요.

나 : 흠… 그런 마음이 있었군요.

A : 엄청난 스트레스였어요. 나는 능력을 키워가고 평가도 받겠지만, 집에 함께 사는 사람은 혼자 힘으로 할 수 있는 일이 없어도 질책을 당하지 않고, 질책할 수도 없어요.

나 : 그렇죠.

A : 그러면 대체… 돌봄이 필요한 사람… 여러 가지 일을 할 수 없어도 그걸 비난하지 않고, 차별하지 않고, 배척하지

않는다는 걸 전제로 한다면, 저 역시 능력을 키우는 데 지나친 관심을 가질 수 없어요. 지금 눈앞에 있는 사람을 긍정하고 존중할수록 '그럼 내 학업과 학교생활은 대체 뭘까?'라는 생각이 들었어요.

(…)

나 : 학교에 가지 않은 뒤 그런 가치관이 보이지 않는 곳이 생긴 거네요.

A : 맞아요. 그러면 하나로 줄일 수 있으니까요. 눈앞의 사람을 소중히 여기면 되니까. 마음이 아주 편했어요. 한쪽 모순을 보지 않아도 된다는 게.

모든 영 케어러와 청년 케어러가 A씨처럼 느끼는 건 아니다. 하지만 A씨 이야기는 적어도 내가 지금까지 만난 여러 사람과 통하는 부분이 있었다. 능력 향상이 기대되는 시기에 돌봄을 맡은 아동과 청년 중에는 도움이 필요한 일이 늘어나는 가족을 돌보며 '세상에서 가치 있는 인간이란 무엇인가'를 두고 모순을 느끼는 사람도 있다. 이들은 학교의 규칙을 받아들여 능력 향상에 힘쓰는 친구들 사이에서 '인생이란 뭘까?' 하고 공부와 취업 활동의 의미에 의문을 품는다.

돌봄은 내가 필요한 상대가 있다. 긴급하게 해결해야 할 일도 많다. 19세 때부터 할아버지를 간병한 마쓰자키 미호 씨는 강연에서 다음과 같이 말했다.

제출할 과제가 있어서 일찍 일어나야 하는데, 밤중에 할아 버지가 소란을 피워요. 그러면 눈앞에 벌어진 긴급한 일이 우선이죠. 도저히 집중할 수가 없어요. 정말 집중하고 싶을 때 잠시 밖에서 뭔가를 할 만한 공간이 없었어요. 학생이라 돈을 들여가며 카페에서 공부할 수도 없었고요. 당연히 성적이 좋지 않았죠. 취업 활동 시기에는 내가 간병에서 빠지면 할아버지 할머니는 어떻게 될까 걱정스러웠어요. 눈앞의 문제를 해결하지 않고 취직해서 미래로 나가는 게 와 닿지 않았어요.

내가 있어야 한다는 중압감

눈앞의 가족을 마주하고 대응하는 일은 학업과 학교생활에 필요한 에너지와 시간을 빼앗는다. 영 케어러가 돌봄이 필요한 가족의 요구에 맞춰가는 과정에서 능력 향상과 미래 지향성, 경쟁 원리를 내포한 학교의 가치관은 그 의미가 흔들린다. A씨는 아동이 돌봄에서 다른 사람이 "네가 필요해" "네가 아니면 안 돼"라며 자신을 필요로 하는 의존성을 드러내는데 거스르기는 힘들다고 말한다.

> A : 간단히 말해 '내가 아니면 안 돼'라고 생각해요. 애정에서 비롯된 관계죠. 조부모나 부모나 형제. 이런 관계가 아니

면 성립하지 않는 것이 많을 테니까요.

나 : 자기 일을 할지, 자신을 필요로 하는 사람의 요구를 들어
줄지 고민할 때 자기 일을 선택하면 이기적이라고 생각하
거나, '나를 이렇게 필요로 하는데'라고 생각하는 부분이
있을 것 같아요.

A : 누군가 자신을 필요로 하는 의존성을 드러낼 때, 아이가
거스르기는 어려워요. "네가 필요해"라는 말을 성인이 듣
는 것과 아이가 부모나 형제에게 듣는 건 달라요. 우리 할
머니도 제 이름을 부를 때 '네가 필요해'라는 느낌으로 대
했으니까요. 그걸 모른 척할 순 없다고 줄곧 생각했어요.

나 : 그렇군요.

A : "네가 필요해!"라고 절규하는 듯한 사람을 뿌리치고 자기
인생을 찾아가기는 힘들어요. 기분이 좋거나 쾌감은 아니
지만, 내가 있어야 한다는 데는 이길 수가 없어요. 일하
면서 "네가 아니면 안 된다" "네가 필요하다"는 말을 듣는
경우는 별로 없잖아요. 뛰어난 기술자가 아니라면 대부분
다른 사람도 할 수 있는 일이고. 그런데 케어러는 내가 아
니면 안 되는 일이 많아요.

나 : 그렇군요.

A : 그걸 거스르기는 어려워요.

나 : 쾌감은 아니라고 말했는데, 돌봄에서 보람을 느끼는 일이
있나요?

A : 음….

나 : 보람은 아니다?

A : 보람에 가깝지만… 역시 필요로 한다는 자체예요. 보람하고 다른 것 같아요. 예를 들어 음부를 씻기는 일에서 보람을 느끼진 않죠. 보람은 없지만, 할머니가 "다른 사람은 싫어!"라고 해요. 그러면 '내가 할 수밖에 없지' 생각해요. 보람이 없어도 해야죠. 기분이 좋은 건 아니지만, 의존성 같은 게 있어요. 어려워요.

A씨처럼 이런 마음이 축적돼 결석이 장기화하고 등교를 거부하는 상태가 되면, 그때 영 케어러는 마음의 정리가 거의 끝난 상태다.

2장에 소개한 조사에서 교사는 돌봄을 맡은 아동이나 학생을 본인의 이야기로 알게 되는 경우가 많았다(54쪽 표 2-7 참조). 교육기관에서 할 수 있는 일은 아동이 돌봄과 학교생활을 어떻게든 양립하려고 애쓰는 시기에 돌봄과 간병을 잘 아는 사람과 연계해 아동의 이야기를 자세히 듣는 것이다. 이때 학교의 가치관과 규범에 따라 가르치지 않도록 주의하고, 영 케어러가 무엇에 불안을 느끼는지 들어주고 어떻게 생활하고 싶은지 함께 고민하는 게 중요하다.

한편으론 개인 사정 때문에 학교를 떠난 아동이나 청년이 언젠가 상황이 바뀌었을 때, 학교에서 배움을 다시 시작하고 그런 노력이 제대로 평가받을 수 있는 시스템이 마련돼야 한다. 일본은 나이에 따른 교과 진도가 지나치게 정해져 있다. 인구가 줄어들고 한 사람이 다양한 역할을 맡는 게 당연한 사회에서는 각자의 타이밍에 맞춰 교육기관이나 직장에 다닐 수 있는 제도가 중요하다. 공부와 업무 시간도 개인의 사정에 따라 조절하고, 제대로 성과를 낼 수 있도록 평가하는 제도를 만들어야 한다.

가족사회학자 야마다 마사히로는 《가족 난민》에 현대 일본에서 경제적으로든 생활에서든 의지가 되는 존재, 비록 같이 살지 않아도 마음을 기댈 수 있는 존재는 '가족'이라고 지적하며, 자신을 필요로 하고 소중히 여기는 존재가 없는 사람을 '가족 난민'이라고 불렀다. 그리고 가족 난민이 증가하는 것을 막기 위해 두 가지 대책이 중요하다고 주장했다. 여기서 두 가지 대책이란 '가족과 파트너를 만들기 쉽고' '가족과 파트너가 없어도 안심하고 생활할 수 있는 환경을 조성하는 것'이다.[49]

영 케어러에 대해서도 똑같이 말할 수 있다. 그들이 학교에 계속 다닐 수 있도록 지원하는 방향, 현실적인 조건 때문에 학교를 떠난 청년이 원할 때 다시 학업을 시작하고 좋은 평가를 받을 수 있는 제도가 필요하다.

돌봄이 시작되는 시기

과거에 돌봄을 경험한 영 케어러와 청년 케어러는 많은 갈등을 겪었다. 그러나 관점을 달리하면 그들은 돌봄 경험을 이야기할 힘이 있는 사람이고, 그 이면에는 여러 가지 이유로 가족의 상황을 터놓지 못하는 수많은 영 케어러가 있다. 이 장에서 본 청년들은 일정 연령까지 돌봄과 무관하게 자랐고, 돌봄이 필요해지기 전에 가족의 생활을 알기 때문에 그 변화 속에서 무엇이 어떻게 달라졌는지 인식할 수 있었다.

영 케어러 중에는 어릴 때부터 돌봄이 필요한 가족의 존재가 자연스럽고, 자신이 돌봄을 맡는 것을 가족이 당연하게 여기는 사람도 있다. 그런 영 케어러에게 돌봄은 생활 자체고, 다른 생활은 알지 못한다. 무엇을 어떻게 말해야 할지는 더더욱 모른다.

장애인 부모와 초등학생 이하 자녀가 사는 가정은 부모가 아이를 키울 수 있을지 의심하는 시선을 받기 쉽다. 부모는 자신이 부모로서 역할을 충분히 하지 않는다고 비판받을까 불안해하고, 나아가 아이를 빼앗기지 않을까 두려워한다. 가족에게 정신적인 문제나 알코올·약물 의존성이 있는 경우, 외부를 향한 경계는 한층 심해진다. 가족 이야기를 꺼내면 안 된다고 느끼는 아동도 있다.

어느 초등학교 교장에 따르면, 아버지가 정신적인 문제가
있는 가정은 어머니가 그런 경우보다 발견하기 훨씬 어렵다
고 한다. 아버지는 정신적 불안정으로 부적절한 언행과 폭력
을 행사하고 어머니는 생계 문제로 고민하는데, 이때 아이가
어머니를 지키거나 아버지를 도우려고 한다는 것이다. 이는
내가 만난 과거 영 케어러의 이야기와도 일치한다.

영 케어러가 자신의 경험을 터놓고 이야기할 수 있는 환경
이란 어떤 것일까. 5장에서는 실제 영 케어러의 지원 내용에
대해 살펴볼 것이다.

5

영 케어러에 대한 구체적 지원

영국 윈체스터의 영 케어러 조사와 효과

미성년 아동이자 케어러, 두 가지 특징이 있는 영 케어러에게 어떤 지원을 하면 좋을까. 이 장에서는 세계 최초로 영 케어러를 조사하고 지원해온 영국의 사례를 참고해 지원 방향에 대해 다룬다.

윈체스터는 런던에서 남쪽 사우샘프턴 방면으로 가는 열차를 타고 한 시간 정도 떨어진 곳에 있는 도시다. 중세 웨섹스의 수도로 번성한 이 지역에 햄프셔주 청사가 자리한다. 도시를 관통하는 중심가 언덕에는 옛 윈체스터성의 서문이 우뚝하고, 긴 언덕 끝자락에 검과 방패를 든 앨프레드 대왕의 용맹스러운 동상이 있다. 그 가운데 길 양옆으로 과거와 변함없이 아기자기한 레스토랑과 상점이 늘어섰다.

거리에는 채소와 치즈, 빵, 소시지를 비롯해 꽃과 공예품을 파는 노점이 있어 날마다 북적인다. 특히 12월에는 대성당 마당에서 열리는 크리스마스 마켓을 구경하기 위해 관광객이 몰린다. 이처럼 윈체스터는 역사와 문화, 교육과 관광에 주력하는 작은 도시다. 일본으로 치면 도쿄 남쪽에 있는 옛 수도 가마쿠라와 비슷한 분위기다.

내가 영 케어러 지원에 관해 배울 곳으로 윈체스터를 선택한 이유는 현재 영국의 영 케어러 지원에서 햄프셔주와 윈체스터가 중요한 역할을 맡고 있기 때문이다. 나는 2015년 4월 하순부터 이듬해 1월까지 9개월 남짓 윈체스터에 머물면서 영 케어러 지원과 관련된 다양한 사람들의 이야기를 듣고 조사했다.

1995년 햄프셔주가 윈체스터에서 영 케어러 조사를 진행했다. 의료·복지·교육 관련 행정 부서 대표, 간병인 어드바이저, 자선단체 더칠드런스소사이어티의 커뮤니티개발팀이 참여하는 조사팀이 정기적으로 만났다. 당시 장애가 있는 자녀의 어머니로서, 햄프셔주 사회서비스과가 정기적으로 방문한 제니 프랭크는 더칠드런스소사이어티에 채용돼 조사원으로 참여한 뒤《더는 돌볼 수 없다 : 영 케어러와 그들의 필요에 대한 연구Couldn't Care More: Study of Young Carers and Their Needs》라는 보고서를 냈다.

이후 전국영케어러연합의 회장이 된 제니는 세 자녀 중 한 명이 장애가 있다. 그녀는 비장애인 아동이 겪는 어려움을 일찍 알아차렸다. 제니는 장애가 있는 형제나 자매를 돌보는 아동을 영 케어러로 인식하고, 조사를 진행하는 동안 부모를 돌보는 아동의 존재도 알게 됐다. 학교와 복지 관계자의 설문 조사 결과 영 케어러로 추정되는 아동 91명을 발견했고, 그중 인터뷰를 수락한 16명을 대상으로 청취 조사했다.

인터뷰는 대부분 영 케어러의 집에서 돌봄이 필요한 사람이 동석하지 않은 형태로 진행했다. 이 조사는 많은 아동이 자기 욕구와 불안에 관해 처음 이야기하는 기회였다.[50] 그들은 누군가 자기 이야기를 들어주기 바라고, 같은 처지에 놓인 아동을 만나고 싶은 마음을 털어놓았다. 조사원들은 임무를 마치고 보고서를 낸 데 그치지 않고 아이들과 모이는 자리를 마련했다. 이것이 영 케어러 지원의 시작이다.

첫 이벤트는 도자기 공예 워크숍으로, 영 케어러 한 명에 성인 스태프 한 명이 짝이 됐다. 스태프는 담당하는 영 케어러를 집에서 행사 장소로 데려가 함께 도자기를 만들었다. 영 케어러는 스태프와 어떤 작품을 만들고 싶은지 의논하는 과정에서 조금씩 자기 이야기를 꺼냈다. 이때 영 케어러와 성인 스태프가 짝이 된 형태가 나중에 '비프렌딩befriending(자기편이 되는 것)'이라고 불리는 지원 방법(영 케어러가 신뢰할 수 있는 어른과 일대일로 만나 친분을 쌓는 동안 여러 가지 상담을 하는 지원 방법)의 원형이 됐다.

도자기 공예 워크숍에서 영 케어러는 처음에 낯선 사람들과 만나 긴장했지만, 점차 다른 아이의 작품에도 흥미를 느끼고 대화하며 교류했다. 도자기 공예 워크숍이 끝나고 이런 영 케어러 모임을 3주에 한 번 정도 열었다. 햄프셔주 사회서비스과와 북부·중부 햄프셔의료위원회, 더칠드런스소사이어티가 3년간 활동 자금을 후원했다.[51] 일본이라면 지역

복지과와 현 의료관련위원회, 아동을 지원하는 NPO 단체가 협력한 모습이 아닐까. 3주마다 열린 영 케어러 모임은 '윈체스터 영 케어러 프로젝트'라고 불렸다.

윈체스터의 시도는 이후 햄프셔주 전체로 확대됐다. 더칠드런스소사이어티에 햄프셔주의 영 케어러를 지원하는 부서 햄프셔영케어러스이니셔티브Hampshire Young Carers Initiative가 생겼다. 제니 프랭크는 이 부서에서 영 케어러 모임을 열고, 영 케어러와 그 가족과 연락을 주고받는 업무를 맡았다.

이런 시도는 나아가 전국적인 영 케어러 지원으로 이어졌다. 그중에서 '영 케어러 페스티벌'이 유명하다. 2000년부터 6월 마지막 주말에 햄프셔주 보틀리의 YMCA페어손마너캠핑장에서 진행하는 행사로, 해마다 영국 전역에서 영 케어러 약 1500명이 모인다. 이들은 자신이 사는 지역의 '영 케어러 프로젝트' 리더와 함께 텐트에서 자고, 운동하거나 카약을 타기도 하고, 다양한 만들기를 하며 케어러로서 경험한 일이나 바람을 이야기한다. 페스티벌에는 정부 관료, 햄프셔주 사회서비스과 담당자, 국민보건서비스National Health Service, NHS 관계자 등도 참가하며, 여기서 수집한 영 케어러의 목소리가 국가와 지역 정책에 활용된다.

영국의 현장을 관찰하면서 내가 필요하다고 생각한 영 케어러의 지원 방향성은 다음 세 가지다.

1. 영 케어러가 돌봄에 대해 안심하고 말할 수 있는 상대와 공간 만들기
2. 영 케어러가 집에서 맡는 돌봄과 책임 줄이기
3. 영 케어러에 관한 사회의식 높이기

이제 각각의 방향성에 대해 구체적으로 설명하고자 한다.

1. 영 케어러가 돌봄에 대해 안심하고 말할 수 있는 상대와 공간 만들기

영 케어러는 돌봄에 대해 말할 수 있는 사람과 만나기를 간절히 원한다. 영 케어러는 중년의 케어러와 달리 비슷한 경험을 하는 같은 세대를 좀처럼 만나기 힘들다. 영 케어러가 가족 외에 만나는 사람은 학교 친구와 선생님같이 젊은 세대가 대부분인데, 이들에게 돌봄은 친숙한 주제가 아닐뿐더러 돌봄의 체험을 이야기해도 공감을 얻기 어렵다.

윈체스터에서도 영 케어러 조사 결과를 바탕으로 돌봄에 관해 정기적으로 이야기하는 자리를 마련했다. 처음에는 도자기 공예 워크숍 같은 이벤트를 진행했으나, 사회적 인식이 점차 확산하면서 일주일에 한 번 청소년센터에서 또래 영 케어러들이 이야기하는 모임으로 발전했다. '영 케어러 프로젝트'는 윈체스터 외 지역에서도 활발히 추진했고, 그 확산세는 오늘날 일본의 '어린이식당'과 유사했다.

일본에서는 2000년대 말부터 아동 빈곤에 사회적 관심이 높아졌고, 2015년 무렵 아동이 다양한 사람들의 가치관을 접하고 밥 먹을 수 있는 어린이식당이 전국 각지에 잇달아 생겼다. '아동이 혼자서 안심하고 이용할 수 있는 무료 혹은 저렴한 식당'으로, 2018년 4월 기준 일본 전국에 2200곳 이상 운영 중인 것으로 보고됐다.[52] 최근에는 아동뿐만 아니라 고령자를 비롯해 성인이 이용 가능한 식당도 늘어 지역 교류 공간의 역할이 강화되고 있다.

일본은 아동과 부모가 지역 주민과 '편안한 시간'을 보낼 수 있는 장소를 마련했다. 영국은 간병인을 지원하는 흐름에서 영 케어러에 주목해 돌봄을 맡은 아동이나 청년을 지원하는 자선단체와 NPO, 민간단체가 '영 케어러 프로젝트'를 추진했다. 영국의 '영 케어러 프로젝트'는 300개가 넘는다.

'영 케어러 프로젝트'는 돌봄을 맡은 아동과 청년이 바라는 점을 공유할 수 있는 안전한 장소 마련, 문제 해결을 위한 지원이 목표다. '영 케어러 프로젝트'는 돌봄을 맡은 아동과 청년에게 가정 내 돌봄에서 해방되고, 자신과 마찬가지로 돌봄을 맡은 또래를 만나는 소중한 자리가 되고 있다.

윈체스터영케어러스의 활동

내가 2015~2016년에 9개월 남짓 윈체스터에서 머무는 동안 윈체스터영케어러스는 수요일마다 영 케어러를 위한 방과 후 클럽을 열었다. 윈체스터영케어러스는 앞에 소개한 '윈체스터 영 케어러 프로젝트'가 2000년에 독립한 뒤 직접 자금을 조달하고, 명칭을 바꿔 영 케어러를 상시 지원한다.

방과 후 클럽은 윈체스터영케어러스 사무실이 있는 지역 청소년센터 1층에서 8~11세, 12~13세, 14~17세로 나눠 운영한다. 나는 2015년 5월부터 이듬해 1월까지 8~11세 영 케어러를 위한 방과 후 클럽에서 자원봉사자로 일했다. 당시 경험을 바탕으로 방과 후 클럽에 관해 설명한다.

8~11세 영 케어러를 위한 방과 후 클럽은 수요일 오후 4시 30분부터 6시까지 진행된다. 청소년센터 주차장은 오후 4시 20분쯤이면 아동을 태운 자동차로 분주하다. 부모가 데려다준 아이도 있고, 등록된 자원봉사자가 학교나 집으로 가서 아동을 데려오기도 한다. 아이들은 접수대에서 간식비로 100엔 남짓 내고 모이라고 할 때까지 친구와 카드 게임을 하거나, 체육실에서 공놀이도 하고, 탁구나 구슬치기를 하며 마음껏 논다.

대체로 아이들 12~15명과 자원봉사자 3~4명, 소속 스태프 2명 정도가 모인다. 아동의 성별은 남녀가 비슷하지만, 보통 여자아이가 조금 더 많았다. 방과 후 클럽 활동 전반부는 '서클 타임'이라고 하여, 스태프가 그때그때 기획한다. 서클 타임에는 토론을 하기도 하고, 체육실에서 장애물 경주나 의자 뺏기 게임을 하기도 한다. 내가 'Japan Night'를 담당한 때는 일본에 관한 퀴즈를 풀거나 종이접기를 했다. 여름에는 근처 공원에서 피크닉을 하고, 핼러윈에는 인근의 회사가 파티를 열어 아이들이 구멍 낸 호박과 마녀 모자, 과자에 환호하며 30분간 보물찾기를 한 적도 있다.

돌봄에 관해 진지하게 이야기를 나누기도 한다. 자신이 돌보는 가족에 대해 그림을 그려 설명하거나, 돌보면서 좋았던 일과 싫었던 일 등을 이야기한다. 가공의 영 케어러를 정해 그 아이의 상황에 어떤 조언을 할지 다 함께 생각하는 자리도 있었다. 아동들이 각자의 돌봄을 이야기할 때는 다음 지침에 따랐다.

- 여기서 한 이야기는 여기만의 이야기로 끝내기.
- 비밀 지키기(본인이나 다른 사람의 안전이 우려되는 경우, 본인의 안전을 위해 그 정보를 다른 사람에게 전해야 할 때도 있다).
- 자신과 다른 사람을 비하하지 않기.
- 발언하지 않고 넘어가도 된다.

이 지침은 서클 타임을 시작할 때마다 참가한 아동 가운데 한 명이 읽고 모두에게 확인을 받는다. 아동이 말한 내용이 심각하고 누군가의 안전이 우려되는 상황이라면, 스태프가 필요에 따라 관계 기관과 정보를 공유하고 지원 방안을 모색했다.

서클 타임에서는 진지한 의논을 할 때도 있는데, 아동은 4~5명씩 조를 나눠 열심히 토론했다. 예를 들어 몇 가지 사례를 종이에 적고 '이 사람이 좋은 친구라고 생각하는지, 나쁜 친구라고 생각하는지' 이야기하는 시간에는 각 조에서 열띤 토론이 벌어졌다.

'언제나 비밀을 지키는 친구'는 좋은 친구로 분류될 줄 알았으나, 몇 명은 고민하는 반응을 보였다. '비밀을 외부 사람과 공유하는 편이 좋을 때가 있다'는 의견도 나왔다. '뭔가 할 때 항상 "네가 먼저 해"라고 말하는 친구'나 '다른 사람에게 당신을 나쁘게 말하는 친구'는 만장일치로 나쁜 친구로 분류됐다. '웃음을 짓게 하는 친구'는 좋은 친구로 분류됐다. '언제나 사실을 말하는 친구'에서는 의견이 갈렸다. 언제나 사실을 확실하게 말해주는 친구야말로 신뢰할 수 있다고 느끼는 아동이 있는가 하면, 상대방을 배려하는 차원에서 거짓말이 필요하다고 생각하는 아동도 있었다.

전반부에 열리는 서클 타임은 보통 짧으면 20분, 길어도 45분이면 끝난다. 짧은 시간이지만, 성인 스태프와 자원봉사자가 함께한 가운데 영 케어러들이 마음을 이야기하는 기회로 중요한 역할을 한다.

후반부는 자유 시간이다. 서클 타임이 끝나고 자유 시간이 되면 아동들은 우르르 나가서 하고 싶은 일을 한다. 스포츠를 좋아하는 아이는 체육실에서 축구를 하고, 비디오게임을 이어서 하는 아이, 책상에서 보드게임이나 그림 카드 게임, 만들기를 하는 아이도 있다. 다양한 색 매니큐어를 바르는 여자아이, 탁구와 구슬치기를 하는 아이도 있다.

간식 만들기는 모두가 하고 싶어 하지만, 주방이 크지 않아서 3~4명씩 교대로 담당했다. 주방에서는 컵케이크나 피자를 만들기도 하고, 롤케이크나 쿠키를 사다가 초콜릿과 크림으로 장식하기도 한다. 스태프는 아동들이 즐겁게 간식을 만들 수 있도록 여러모로 궁리한다. 운동하고 목이 마른 아이는 주방에 준비된 주스와 과일을 먹는다.

오후 5시 50분에 '간식 타임'이 되면 다 같이 테이블에 모여 먹는다. 6시가 가까워지면 부모들이 하나둘 아이를 데리러 오고, 부모가 왔거나 간식을 다 먹고 집에 갈 준비를 마친 아이는 이름이 불리면 부모와 자원봉사자를 따라 차를 타고 귀가한다.

12~13세와 14~17세 방과 후 클럽은 초등학생의 방과 후 클럽이 끝나고 오후 6시 30분부터 8시 30분까지 격주로 모인다. 각 공립 중학교에서 매주 점심시간에 이 연령대 아동을 대상으로 영 케어러 미팅을 열고 세심하게 대응해, 청소년센터에서는 방과 후 클럽을 격주로 진행한다.

윈체스터영케어러스가 지원하는 아동은 8~17세로, 이들이 속한 교육기관은 초등학교와 중학교, 단과대학과 직업 훈련 과정까지 다양하다. 그러나 윈체스터영케어러스가 지원하는 학교는 시내 공립 중학교 5곳으로 제한적이다. 현실적으로 스태프 3명이 초등학교 39곳을 지원하기란 불가능하므로, 이 연령대 아동은 매주 청소년센터에서 방과 후 클럽을 열어 보충한다.

12~13세와 14~17세 방과 후 클럽도 기본적으로 8~11세 방과 후 클럽과 마찬가지로 서클 타임과 간식 만들기 시간이 있다. 하지만 중학생 이상이 되면 영 케어러에게 '방과 후 클럽은 친구와 만나는 곳'이라는 인식이 강한 듯하다. 서클 타임 시작하기 전이나 자유 시간에 여학생은 친구와 수다를 떨거나 단순 수작업(성인용 색칠 공부, 종이접기, 쿠키나 컵케이크 장식 등)을 하면서 느긋하게 쉰다. 남학생도 친구와 어울려 구슬치기를 하거나, 체육실에서 공을 차고, TV나 휴대전화로 게임을 하고, 음악을 듣는 등 각자 편안한 시간을 보낸다. 이 연령대 아이들도 모임이 끝나면 자원봉사자와 프로젝트 스태프들이 차량으로 집까지 바래다준다.

외출 이벤트

많은 '영 케어러 프로젝트'가 방과 후 클럽과 함께 '액티비티'라고 불리는 외출 이벤트에 힘을 쏟았다. 영 케어러의 부모는 본인이나 가족이 돌봄이 필요한 상태에서 여름방학이나 주말에 자녀를 어딘가 데려갈 여유가 거의 없다. 그 결과 영 케어러는 집과 학교 외 공간에서 경험을 넓힐 기회를 얻기 어렵다. '영 케어러 프로젝트'는 테마파크, 스포츠센터, 농장, 캠프, 영화관, 다른 지역을 방문하는 이벤트를 통해 영케어러가 또래 아이들처럼 즐겁게 보내고 경험을 넓히는 기회를 제공한다. 이는 영 케어러가 다른 아이와 같은 경험을 하는 귀중한 자리다. 함께 즐거운 체험을 하는 동안 스태프와 영 케어러 사이에 친밀감이 깊어져, 개인적인 고민을 터놓기도 쉽다.

윈체스터영케어러스가 2015년 여름방학에 진행한 외출 이벤트는 테마파크, 체육 활동, 승마 체험, 스포츠센터에서 다양한 스포츠 체험 등이다. 외출 이벤트는 인솔하는 스태프와 아동을 태울 교통수단이 필요해, 초등학생이나 중학생 이상 등 나이별로 기획했다. 청소년센터에서 다 같이 푸짐한 아침을 만들어 먹거나, 밤에 영화를 보는 이벤트도 마련했다.

영국은 학기 중간에 '하프타임'이라는 방학(일주일)이 있는데, 윈체스터영케어러스는 5월 말이나 10월 말 하프타임에 행사를 기획한다. 2015년 가을 하프타임에는 초등학생 영 케어러를 대상으로 대규모 체육 활동, 양궁, 캠프파이어 등을 하고 밤에는 카드 게임을 하는 합숙, 장애가 있는 형제를 돌보는 '형제 케어러'를 대상으로 이벤트, 만들기, 실내 스키 행사를 했다.

앞서 말한 '영 케어러 페스티벌'은 해마다 6월 마지막 주말에 진행한다. 이 행사 참가 대상은 중학생 이상 영 케어러다.

금요일 밤 9시에 페스티벌 개회식을 하고, 10시쯤 폭죽을 터뜨린다. 낮이 긴 영국의 초여름은 밤 9시에도 환해서 해가 저문 10시 이후가 아니면 불꽃놀이를 즐길 수 없다. 불꽃놀이가 끝나고 '사일런트 디스코' 시간에는 신나는 음악이 나오는 헤드폰을 쓰고 자정이 넘어서까지 흥겹게 춤춘다.

행사가 열리는 캠프장에 개인 텐트와 침낭을 마련하지만, 잔뜩 흥이 오른 청소년들은 늦은 밤까지 깨어 있다. 다음 날은 체육 활동이나 카누 등을 즐기고, 액세서리나 클레이 공예를 하고, 무대에서 노래를 부르거나 행사장에 마련된 다양한 체험 코너에 자유롭게 참가한다. 내가 자원봉사자로 일한 종이접기 코너도 인기가 많았다.

돌봄의 부담이 무거운 아동이나 돌봄의 영향이 심각하게 나타난 아동은 긴 방학 기간에 일대일 비프렌딩 지원을 받는다. 이런 영 케어러에게는 담당하는 어른과 외출하거나, 어른의 집에서 시간을 보내며 가족이 아닌 어른과 이야기할 기회를 제공했다.

이처럼 영 케어러는 학교 수업이 없는 기간에도 스태프와 자원봉사자가 데려오고, 데려다주기 때문에 원하는 이벤트에 참가할 수 있다. 집이 아닌 장소에서 다른 영 케어러와 스태프를 만나 기분을 전환하는 시간이 이들에게 소중한 경험으로 인식된다.

영 케어러 그룹 모임

'영 케어러 프로젝트'는 한 걸음 더 들어가 돌봄에 관해 이야기하는 자리도 마련한다. 두려움과 불안을 말로 표현할 수 있도록 하는 게 목적이다. 예를 들어 내가 참가한 윈체스터 영케어러스의 영 케어러 그룹 모임은 공립 중학교에서 매주 50분씩 5회 진행한다. 이 모임은 참가를 희망하는 영 케어러(해당 학교 학생)가 보호자 동의 아래 선택하는 수업 형태로 진행하며, "실제로 힘들지만 주변 사람들에게 괜찮은 척할 때가 있는가"처럼 구체적인 질문을 한다.

윈체스터영케어러스에는 초등학교·중학교·대학의 교원이 연락해 아동 지원을 신청할 때가 많다. 윈체스터영케어러스의 전속 스태프 한 명이 '학교 코디네이터' 직무를 담당하는데, 그를 중심으로 윈체스터영케어러스가 시내 교육기관의 계몽 활동에 힘써서 긴밀한 연계를 다져왔다. 특히 시내 5개 공립 중학교와 유대가 돈독해 윈체스터영케어러스는 학생을 대상으로 영 케어러 설명회, 교원 연수, 점심시간을 이용한 교내 영 케어러 미팅, 영 케어러와 일대일 면담, 영 케어러 그룹 모임을 진행한다. 윈체스터영케어러스 스태프는 매주 학교를 돌며 지원하기 때문에 교사나 교직원과도 관계가 좋다. 그러나 윈체스터에서 영 케어러를 지원해온 20년 역사 가운데 학교에서 지원이 시작된 건 약 10년 전부터다.

모임에 참가한 영 케어러는 각자의 체험이나 생각을 구체적으로 이야기했다. '두려움'에 대해 이야기하는 자리에서 돌봄을 맡은 중학생은 두려움이 든 때를 떠올리며 어떻게 그런 감정이 들었고, 어느 정도 지속했는지, 두려워하던 일이 실제로 일어났는지, 걱정한 이유가 무엇인지 등을 이야기했다. 구체적으로 부모의 병을 안 때나 부모가 쓰러진 모습을 발견한 때를 언급했다. 앞으로 두려운 일에 어떻게 대응할지도 써서 발표하며 공유했다.

평소 '두려움'이나 '스트레스'에 어떻게 대응하는지도 각자 써서 이야기 나눈다. 영 케어러는 '아이스크림이나 초콜릿을 먹는다' 'TV를 본다' '뜨거운 물에 몸을 담근다'처럼 기분을 전환하려고 하거나, '두려움에 대해 쓴다' '긍정적으로 생각한다' 같은 방법으로 대응했다.

각자 장래 희망을 이야기하는 자리도 마련했다. 누군가에게 도움이 되는 일을 하고 싶다는 아이부터 커다란 풀장이 딸린 집에 살고 싶다는 아이까지 각양각색이었다. 이를 토대로 스태프가 "그럼 꿈을 이루기 위한 작은 한 걸음은 무엇일까?"라는 질문을 던지자 "우선 다음 주에 있는 시험을 위해 공부한다" "중학교를 졸업하고 진학한다" 등 각자에게 당면한 목표를 말로 표현했다. 이런 모임은 항상 쿠키를 먹으며 끝났다.

돌봄에 해박한 어른의 지도 아래 자신과 마찬가지로 돌봄을 맡은 또래와 이야기하는 경험은 영 케어러에게 정신적인 힘이 된다. 아동이나 청년은 자신의 구체적인 불안이나 걱정에 귀 기울여주는 어른이 있다는 데 안심한다. 가족의 병세가 악화해 상황이 나빠졌을 때, 무엇을 해야 하고 무엇을 하지 않아도 되는지 영 케어러의 관점에서 함께 생각해주는 어른이 있기 때문이다. 자신과 처지가 비슷한 또래와 이야기함으로써 자신만 가족을 돌보는 게 아니라고 느끼고, 서로 공감하며 우정도 키워갔다.

2. 영 케어러가 집에서 맡는 돌봄과 책임 줄이기

다음으로 영 케어러가 집에서 맡는 돌봄과 책임 줄이기에 관해 이야기해보자. 영 케어러가 돌봄에 관해 말할 친구와 의논할 상대, 돌봄에서 벗어나 휴식 시간을 갖는 일은 중요하다. 하지만 일주일에 몇 시간쯤 그런 시간을 보낸다 해도, 여전히 많은 돌봄 노동을 해야 하는 상황에서는 근본적인 해결책이 되지 않는다. 돌봄에 관해 공감을 얻고 마음이 편해져도 돌봄의 절대량이 많으면 아동은 심신에 피로가 쌓이고, 부정적인 영향을 받을 수밖에 없기 때문이다.

따라서 영 케어러가 말할 수 있는 상대와 모이는 공간을 만드는 한편, 그들이 집에서 맡는 돌봄과 책임을 어떻게 줄여갈지 모색해야 한다. 이때 영 케어러가 맡은 돌봄의 종류와 양, 돌봄에 따른 영향 측정이 중요하다.

평가

돌봄을 측정하기란 매우 어렵다. 자료 1~3은 영국의 영 케어러 지원 현장에서 널리 쓰이는 평가지다.[53] 평가를 통해 영 케어러가 현재 처한 상황을 상세히 분석하고 지원 방향을 찾아간다. 자료 1 평가지에서 돌봄의 종류는 ① 집안일(1~3) ② 살림 꾸리기(4~6) ③ 금전 · 실용 관리(7~9) ④ 일상 행위 돌봄(10~12) ⑤ 감정 돌봄(13~15) ⑥ 형제 돌봄(16~18)으로 나뉜다.

① 집안일은 청소나 요리, 설거지와 빨래 등 집에서 하는 일상적인 일을 가리킨다. ② 살림 꾸리기는 장보기나 집수리, 무거운 물건 나르기 등 생활을 꾸려가는 활동이다. ① 집안일이 기본적으로 집 안에서 하고, 예를 들어 감기에 걸려 열이 날 때도 스스로 어떻게든 할 수 있는 일이라면 ② 살림 꾸리기는 밖에 나가거나, 외부와 관계하기도 하며, 체력을 써야 하는 일이다. '집을 꾸민다'라는 항목은 일본인의 관점에서 집안일이 아닐 수 있지만, 영국에서는 집안일로 간주한다. 아동이 실내장식을 결정한다는 건 그만큼 가정에서 책임이 막중하다는 의미로 인식하는 듯하다.

③ 금전 · 실용 관리는 공과금 납부나 지원금 수령, 은행 입출금, 아르바이트, 통역 등이다. ④ 일상 행위 돌봄은 '퍼스널 케어'라고도 불린다. 돌봄이 필요한 사람이 옷 갈아입는 것을 돕거나 목욕 · 용변 보조, 이동 보조, 약 먹이기를 포

자료 1

내가 하는 돌봄

다음은 영 케어러가 가족을 돌보기 위해서 하는 일입니다. 각각의 항목을 읽고, 당신이 최근 한 달 간 이런 돌봄을 어느 정도 했는지, 해당하는 것에 동그라미로 표시하세요. 잘 부탁합니다.

먼저 여기에 기입해주세요.			
이름 이니셜 :	생년월일 :	오늘 날짜 :	영 케어러 서비스 이름 :

	전혀 하지 않았다	가끔 했다	자주 했다
1. 자기 방을 청소한다.			
2. 다른 사람의 방을 청소한다.			
3. 접시를 닦거나 식기세척기에 넣는다.			
4. 집을 꾸민다.			
5. 장보기 목록을 작성해서 구입한다.			
6. 무거운 물건을 들거나 옮기는 일을 돕는다.			
7. 공과금 납부나 은행 입출금, 복지 수당 수령 등을 돕는다.			
8. 집에 돈을 보태기 위해 아르바이트한다.			
9. 돌봄이 필요한 사람을 위해 통역이나 수화, 다른 의사소통 수단을 사용한다.			
10. 돌봄이 필요한 사람이 옷 갈아입는 것을 돕는다.			
11. 돌봄이 필요한 사람의 세면을 돕는다.			
12. 돌봄이 필요한 사람의 목욕이나 샤워를 돕는다.			
13. 돌봄이 필요한 사람 옆에 있거나, 책을 읽거나, 말을 건다.			
14. 돌봄이 필요한 사람이 괜찮은지 확인하기 위해 지켜본다.			
15. 돌봄이 필요한 사람이 산책하고 친구나 친척을 만나는 걸 돕기 위해 밖에 데리고 나간다.			
16. 형제를 학교에 보낸다.			
17. 다른 어른이 옆에 있는 상태에서 형제를 보살핀다.			
18. 혼자서 형제를 보살핀다.			

함한 간호 활동을 가리킨다. ⑤ 감정 돌봄은 돌봄이 필요한 사람 옆에 있거나, 지켜보기도 하고, 바깥에 데리고 나가는 감정적 지원을 말한다. ⑥ 형제 돌봄은 영 케어러 혼자나 부모와 함께 형제를 보살피는 일이다.

18개 항목의 답변을 통해 영 케어러가 관여하는 돌봄의 패턴을 어느 정도 파악할 수 있다. 예를 들어 정신적인 문제가 있는 가족을 돌보는 영 케어러는 물리적인 돌봄은 적지만, 감정적 지원이 많은 패턴이 드러난다. 돌봄의 양도 점수로 계산해서 어느 정도 기준으로 삼을 수 있다. '전혀 하지 않았다' 0점, '때때로 했다' 1점, '자주 했다' 2점으로 계산해서 합계가 18점 이상이면 '상당히 많은 돌봄 활동량', 14~17점은 '많은 돌봄 활동량'으로 판단한다.

자료 2는 영 케어러가 돌봄을 맡으며 받는 영향을 측정하는 평가지다. 영 케어러가 누군가를 보살피는 일을 어떻게 느끼는지 측정하기 위해 돌봄에 긍정적인 반응을 나타내는 10개 항목과 부정적인 반응을 나타내는 10개 항목을 평가지에 제시한다.

응답자는 각 항목에 '전혀 느끼지 않는다' '가끔 느낀다' '자주 느낀다' 중에서 해당하는 것에 동그라미로 표시한다. 점수로 계산할 때는 '전혀 느끼지 않는다' 0점, '가끔 느낀다' 1점, '자주 느낀다' 2점으로 한다. 1~4, 7~8, 15, 18~20이 긍정적인 항목이고 나머지가 부정적인 항목이다. 점수를 계

자료 2

돌봄이 내게 어떤 영향을 미치는가

다음은 당신과 같은 영 케어러가 누군가를 보살피는 일을 어떻게 느끼는지 말한 내용입니다. *각각의 내용을 읽고 당신에게 어느 정도 들어맞는지 해당하는 것에 동그라미로 표시하세요. 정답은 없습니다. 돌봄으로 인해 당신의 생활이 어떤지 알기 위한 것일 뿐입니다. 잘 부탁합니다.*

먼저 여기에 기입해주세요.			
이름 이니셜 :	생년월일 :	오늘 날짜 :	영 케어러 서비스 이름 :

	전혀 느끼지 않는다	가끔 느낀다	자주 느낀다
1. 돌봄을 하면서 좋은 일을 한다고 느낀다.			
2. 돌봄을 하면서 가족을 돕는다고 느낀다.			
3. 돌봄으로 가족의 유대가 깊어졌다고 느낀다.			
4. 돌봄을 하면서 자신감이 생겼다.			
5. 돌봄 때문에 싫은 일을 해야 한다고 느낀다.			
6. 돌봄 때문에 스트레스를 받는다.			
7. 돌봄을 하면서 도움이 되는 일을 배운다고 느낀다.			
8. 돌봄을 하면서 부모님이 나를 자랑스럽게 여긴다고 느낀다.			
9. 돌봄 때문에 도망치고 싶다.			
10. 돌봄 때문에 매우 외롭다.			
11. 돌봄에서 나는 적절히 대처하지 못한다고 생각한다.			
12. 돌봄 때문에 내가 해야 할 일이 늘 머릿속에 있다.			
13. 돌봄 때문에 견디기 힘든 슬픔을 느낀다.			
14. 돌봄 때문에 나 자신에 관한 일은 별로 신경 쓰지 않는다.			
15. 돌봄을 하면서 자신이 좋아졌다.			
16. 돌봄 때문에 삶이 가치 없는 것처럼 느낀다.			
17. 돌봄 때문에 잠을 충분히 못 잔다.			
18. 돌봄을 하면서 전보다 문제에 잘 대처한다고 느낀다.			
19. 돕는다는 게 기분 좋다.			
20. 돌봄을 하면서 자신이 도움이 되고 있다고 느낀다.			

산해서 긍정적인 항목 12점 이하, 부정적인 항목 8점 이상일 때는 어떤 방식으로든 지원이 필요하다고 판단한다.

자료 3은 영 케어러가 돌봄의 무엇이 좋고, 무엇이 싫은지, 무엇에 어려움을 겪는지 자기 말로 답하는 평가지다. 이는 영 케어러에게 무엇이 '부적절한 돌봄'에 해당하는지 이해하는 데 도움을 준다. 윈체스터영케어러스는 이 평가지를 사용하면서 아동과 일대일 면담을 통해 돌봄이나 가족에 관한 이야기를 듣고, 이후 집을 방문해 가족과 충분히 대화를 나눈다.

가족과 대화에서는 돌봄이 필요한 사람이 어떤 의료적 진단을 받았고, 어떤 돌봄이 필요한지, 친척이나 가족의 상황은 어떤지, 가족이 받는 지원은 무엇인지(복지 서비스, 의료기관이나 학교의 지원 등), 돌봄이 영 케어러의 가정이나 학교생활에 어떤 영향을 주는지, 돌봄이 필요한 사람의 장애와 병에 관해 영 케어러가 어느 정도 이해하는지, 가족은 영 케어러가 어떤 지원이 필요하다고 생각하는지 확인한다.

아동과 면담, 가족과 대화에서 얻은 정보를 여러 스태프와 논의한 뒤 아동에게 적합한 지원을 결정한다. 돌봄 부담이 비교적 무거운 아동에게는 방과 후 클럽이나 액티비티를 제공하고, 비교적 가벼운 돌봄을 맡은 중학생 이상 아동에게는 학교에서 영 케어러 지원만 제공한다.

자료 3

돌봄에서 좋은 일과 싫은 일

당신이 가족을 돌보는 데 쓰는 시간과 좋아하는 일, 싫어하는 일에 대해 몇 가지 질문하려고 합니다. 정답이나 오답은 없고, 다만 당신의 생각을 듣고 싶습니다. 잘 부탁합니다.

먼저 여기에 기입해주세요.			
이름 이니셜 :	생년월일 :	오늘 날짜 :	영 케어러 서비스 이름 :

돌봄이 필요한 사람을 지켜보는 것을 포함해 당신이 집에서 맡은 모든 돌봄을 생각할 때, 평일(월~금요일) 하루에 몇 시간 돌봄을 하는지 알려주세요.	평일 1일 _____ 시간
주말(토 · 일요일) 하루에 몇 시간 돌봄을 하는지 알려주세요.	주말 1일 _____ 시간
처음 돌봄을 시작한 것은 몇 살 때입니까?	_____ 세
당신이 맡은 돌봄 중에서 가장 좋아하는 것은 무엇입니까? 간략히 적어주세요.	
그 일을 좋아하는 이유를 알려주세요.	
당신이 맡은 돌봄 중에서 가장 싫어하는 것은 무엇입니까? 간략히 적어주세요.	
그 일을 싫어하는 이유를 알려주세요.	
당신이 맡은 돌봄 중에서 정신적으로 가장 괴로운 일은 무엇입니까?	
그 일이 당신을 괴롭히는 이유를 알려주세요.	
당신은 학기 중에 최근 2주 동안 돌봄을 위해 며칠간 학교나 전문학교, 대학을 결석했습니까?	_____ 일 결석했다
당신은 학기 중에 최근 2주 동안 돌봄을 위해 며칠간 학교나 전문학교, 대학에 지각했습니까?	_____ 시간 지각했다

이용 가능한 서비스로 연결하기

윈체스터영케어러스는 영 케어러의 신청을 받은 뒤 면담과 가정방문을 거쳐 서비스를 제공하기까지 일주일 정도 걸리는 것을 목표로 한다. 우선 한 주 동안 영 케어러가 맡은 돌봄 부담을 줄이기 위해 노력한다. 즉 스태프는 가족이 이용 가능한 지원 서비스를 찾아보고, 가족의 의향을 확인한 뒤 행정과 지역 봉사 단체, 가족 지원 기관 등에 신청해 서비스를 이용할 수 있도록 한다.

예를 들어 어머니가 병에 걸려 초등학교에 다니는 남동생의 등·하교에 동행하던 중학생 영 케어러는 부모가 등·하교에 동행하지 못하는 아동을 지원하는 봉사 기관과 연결해 돌봄 역할에서 제외되도록 한다(영국에서 초등학생은 일반적으로 등·하교 때 보호자가 동행한다). 스태프는 조부모와 친척에게도 연락해 집안일을 조금씩 분담하도록 조정한다.

돌봄 때문에 아동의 인간관계, 정신·신체 건강, 교육이 위협받을 때는 그 돌봄 역할이 '부적절한' 것으로 판단한다. 예를 들어 어른의 몸을 들어 올리는 이동 보조는 아동이 허리를 다칠 위험이 있다. 아동이 돌봄을 위해 한밤중에 몇 번씩 일어나면 건강과 성장에 영향을 미치고, 학교생활도 집중하지 못한다. 아동이 부모의 목욕과 용변을 돕는 일은 양쪽 모두 거부감이 강해서 신체적·심리적 부담이 크다. 이런 '부적절한' 돌봄이 아동의 안전과 웰빙wellbeing(안심하고 만족할 수 있는 상태)을 위협할 때는 '아동보호' 관점에서 '영 케어러 프로젝트'와 아동복지 서비스가 연계해 아동이 그런 일을 맡지 않게 하거나, 줄일 수 있는 돌봄 서비스를 도입한다.

아동이 맡은 '부적절한' 돌봄을 줄인다는 의식

나는 영국의 이런 제도에 대해 들었을 때, 영 케어러가 돌봄 부담을 덜 수 있는 돌봄 서비스가 지역에 충분한지 궁금해서 '영 케어러 프로젝트'와 지원 단체 스태프에게 여러 차례 확인했다. "영 케어러 가정에 도우미를 파견하기는 한정된 예산으로 어렵다고 생각한다. 지역에 서비스가 충분한가?"라고 물으면, 돌아온 답변은 대부분 "No"였다.

하지만 아동이 맡은 '부적절한' 돌봄을 줄여야 한다는 주변 어른들의 의식에서 돌봄 부담이 크게 달라지는 부분도 있다고 한다. 전국영케어러연합회 제니 프랭크 회장은 다음과 같이 말했다.

나는 복지 전문가에게 자주 "돌봄이 필요한 사람이 혼자 산다면 어떨까요?"라고 묻는다. 혼자 산다면 각종 지원이 쏟아졌을 것이다. 아동이 있다는 이유만으로 미성년 아동을 '돌봄 패키지'에 넣어 생각하는 건 이상하다. 물론 아동은 부모를 사랑하는 마음에 장보기나 방 청소를 할 수 있다. 하지만 목욕이나 용변 보조는 아동에게 의지할 일이 아니다.

실제로 행정기관이 제공하는 돌봄 서비스는 돌봄이 필요한 사람과 가족의 동거 여부에 따라 달라진다. 그러나 미성년자까지 돌봄을 맡을 '가족'으로 의존하는 데는 강한 의문을 나타냈다. '가족'을 자칫 '비공식적인 자원'으로 이해하기 쉬운 행정 시스템에서 돌봄을 맡은 가족의 범위에 건강한 성장과 교육의 기회를 보장받아야 하는 아동이 포함된다. 행정기관은 이런 아동을 '아동의 권리' 관점에서 보호해야 한다.

지원 현장의 스태프에 따르면, 영 케어러 가족에게 "아이가 그런 일을 해요?"라고 묻기만 해도 어느 정도 효과가 있다고 한다. 가족은 돌봄에 대응하느라 바빠서 아동이 하는 돌봄을 당연하게 받아들일 때가 많다. 하지만 스태프의 질문을 계기로 아동이 맡기에 적절한 돌봄이 아님을 깨닫고, 스태프와 함께 다른 방법을 생각하는 방향으로 나간다. 주변 어른들의 작은 대응이 아동의 돌봄 부담을 줄일 수 있다.

가족을 고려한 지원

영국에서 선진적인 지역의 '영 케어러 프로젝트'는 아동에게 서비스를 제공한 뒤에도 가족 지원을 꾸준히 이어간다. 가족의 이야기를 듣고 돌봄이 필요한 사람에게 적절한 도움을 주면, 영 케어러의 부담이 줄고 생활도 안정되기 때문이다.

예를 들어 윈체스터영케어러스가 만난 한 가정은 어머니의 정신장애 증상이 심해진 원인이 이웃과 관계로 드러났다.

스태프는 영 케어러(14세)와 그가 다니는 중학교 교사, 형제 (9세)가 다니는 초등학교 교사, 행정 복지 서비스 담당자, 이웃집 두 가구 주민, 가족의 친구와 함께 미팅을 열었다. 가족과 교육·복지 전문가, 이웃 주민 등 그 가정의 문제와 지원에 연관된 사람이 한자리에 모여 문제와 필요한 조치에 대해 인식을 공유하고, 각자 무엇을 할지 명확히 정했다. 이런 노력 끝에 어머니의 정신장애 증상이 완화되고, 영 케어러의 돌봄 부담도 줄었다고 한다.

관계자가 한자리에 모이는 '가족을 둘러싼 팀 미팅'은 영 케어러 지원을 바탕에 두고 '가족을 고려한 방법'을 실천하는 형태다. 가족을 고려한 방법은 부모 혹은 아동만 보지 않고, 부모와 자녀가 서로 필요한 면이 있음을 고려해 온 가족이 만족하는 지원을 목표로 한다. 이는 복지 관련 서비스가 돌봄이 필요한 개인에게 주목해 종종 가족을 보는 데 소홀한 점에 대한 반성에서 비롯됐다.

영 케어러 가족 지원은 대개 복지나 교육, 의료 등 여러 전문 기관이 관여한다. 이때 지원 기관의 역할을 제대로 조정하고, 영 케어러가 위험에 노출되지 않도록 확실한 의사소통이 중요하다. 가족의 상황을 적절히 조정하지 않으면 방과 후 클럽과 액티비티, 그룹 모임을 통해 영 케어러의 심리적 부담을 덜어도 문제가 다시 나타날 수 있다. 영 케어러 가족 지원은 개인의 상황을 고려하고, 역할 조정과 지원을 위한 서비스, 관계자의 원활한 의사소통으로 아동의 상황에 파고들어 해결을 모색한다.

부모를 위한 모닝커피 타임

윈체스터영케어러스는 영 케어러 가족 지원 차원에서, 매달 첫째 금요일 오전 9~11시에 부모 대상 모닝커피 타임을 마련한다. 이는 말 그대로 차나 커피를 마시며 부모끼리 이야기하는 자리다. '영 케어러의 부모'라고 해도 본인이 장애가 있거나 병을 앓는 사람, 돌봄이 필요한 배우자나 자녀를 돌보는 사람 등 사정은 다양하다. 평소 돌봄에 지친 이들은 공통점이 많아 한 주간 힘들게 지낸 이야기를 하고, 위로와 격려를 주고받은 뒤 한결 편안해진 얼굴로 돌아간다.

윈체스터영케어러스 스태프는 이 자리에서 뭔가 마음에 걸리는 이야기를 들으면 나중에 가정을 방문한다. 여기 오는 부모는 비록 지팡이를 짚거나 장애가 있지만, 일방적으로 돌봄을 받는 존재가 아니라 부모로서 배려와 책임을 다하고자 한다. 부모가 아이를 병원에 데려가거나 크리스마스 선물을 준비하는 이야기를 듣기도 했다.

이들이 부모의 역할을 다할 수 있도록 도움이 되는 지원은 무엇일지 생각하는 기회가 됐다. 완벽하지 않아도 작은 지원이 있다면 소중한 사람을 보살필 수 있고, 그것이 삶의 보람과 기쁨으로 이어진다는 걸 깨달았다.

영 케어러와 가족이 모이는 자리

윈체스터영케어러스는 7월과 12월에 '가족의 밤'을 마련한다. 영 케어러와 가족이 함께 참여하는 자리로, 일본에서 여름철 야유회나 크리스마스 파티를 여는 것과 비슷하다.

2015년 12월 '가족의 밤'에는 총 73명이 모였다. 영 케어러 17명, 영 케어러의 가족 41명, 스태프와 자원봉사자 15명이다. 평소 방과 후 클럽이 열리는 청소년센터 체육실에 공기를 주입한 성 모양 놀이 기구를 설치해, 아동들이 그 위에서 신나게 뛰어놀았다. 스모 선수를 흉내 낸 '스모 에어 슈트'를 입고 상투 모양 헬멧을 쓰고, 씨름판에서 상대와 겨루는 게임도 인기 있었다. 씨름판에 쓰러진 아이는 뚱뚱한 스모 에어 슈트 때문에 혼자 일어서지 못해, 자원봉사자 2명이 등을 손으로 받쳐 일으켜 세웠다. 뺨이 발그레해지고 눈망울을 반짝이며 신난 아이들을 바라보며 부모는 흐뭇한 얼굴로 사진을 찍었다.

가족들 간에 친해지기 위한 게임도 진행했다. "개를 키우는 가족을 찾으세요. 그 개의 이름은?" "당신 집 근처에 사는 가족을 찾으세요" "아이가 세 명인 가족을 찾으세요. 그 아이들은 남자아이인가요, 여자아이인가요?" "당신 아이와 같은 학교에 다니는 아이가 있는 가족을 찾으세요. 어느 학교입니까?" 같은 질문에 가족들이 서로 이야기 나누며 각자 게임 시트를 완성해간다.

'가족의 밤'에 준비된 핫도그와 키슈,* 케이크, 주스는 모두 스태프가 슈퍼에서 산 것이다. 흥을 돋우기 위한 경품도 기업에서 기부하고 남은 것이다. 하지만 영 케어러는 가족과 즐겁게 보냈다. 휠체어를 타거나 지팡이를 짚은 어머니, 자폐증이나 지적장애가 있는 형제, 그 곁을 지키는 아버지… 가족의 자연스러운 모습이 그곳에 있었다.

어른들도 서로 이야기 나누거나 아이에게 말을 걸고, 스태프와 이야기하며 편안한 시간을 보낸다. 부모들은 여러 어려움이 있지만, 아이가 즐거워하고 자신처럼 애쓰는 다른 가족이 있다는 것, 스태프와 자원봉사자가 아이와 자신을 지원하고 있음을 확인하고 안심한다.

아동별 차이와 시간의 경과에 따른 변화를 배려

가정에 아동이 여러 명일 때, 형제에 따라 맡은 돌봄이나 그 영향이 크게 달라지기도 한다. 아동의 성격과 가족 안에서 입지, 수행하는 역할에 따른 부분이 크다. 같은 가정이라도 손위인 아동은 지원이 최소로 필요한 데 반해, 나이 어린 아동은 돌봄의 영향을 크게 받아 방과 후 클럽이나 액티비티를 원하는 경우가 있다. 시간이 흐르면서 돌봄에 대한 심리적

---

* 프랑스의 대표적인 달걀 요리로 일종의 에그 타르트다.

부담이 달라지기도 한다. 대개 가족의 병세가 악화하면 심리적 부담이 커지고, 회복에 가까워지면 줄어드는 부분이 분명히 있을 것이다.

앞서가는 지역의 '영 케어러 프로젝트'는 가족의 상황과 아동의 생애 주기에 따라 돌봄 내용이나 아동에게 미치는 영향이 달라지는 점을 고려해 적어도 1년에 한 번은 각 가정을 방문해서 다른 지원이 필요하지 않은지, 지원받는 것 가운데 무엇이 도움이 되고 도움이 되지 않는지 확인한다. 이런 확인을 거쳐 변하는 상황에도 영 케어러의 부담을 줄이는 방법을 모색한다.

3. 영 케어러에 관한 사회의식 높이기

지금까지 지역에 영 케어러 모임을 만들고, 영 케어러의 가족을 살펴본 뒤 아동의 돌봄 부담을 줄이는 일에 대해 알아봤다. 이제 사회 전반에서 영 케어러의 존재를 감지할 수 있는 일에 관해 이야기해보자. 학령기 아동과 청년, 가족, 교육 관계자, 복지 전문가, 의료 관계자에게 영 케어러를 알리고, 이들이 느끼는 어려움과 필요한 지원, 지역에서 받을 수 있는 지원이 무엇인지 공유하는 일이다. 물론 이 '사회'에는 영 케어러 본인과 가족도 포함된다.

'영 케어러'라는 말을 모르는 상태로는 돌봄을 맡은 아동과 청년이 자신이 느끼는 어려움의 구조에 대해 깊이 생각할 수 없다. 자기 외에도 비슷한 경험을 하는 사람이 있다는 사실을 모르고, 지원을 요청하거나 상황을 개선할 수 있다는 생각도 못 한다. 다른 영 케어러의 이야기를 듣고 나와 똑같다고 느낄 때, 자기 고민을 이해하는 사람이 있다는 희망이 생기는 것이다.

영 케어러의 가족은 아동이 돌봄에 대응하느라 지나친 부담을 진다고 생각할 여유가 없는 상태다. '가족이니까 서로 도와야 한다'는 규범도 소중하지만, 그 역할 분담이 아동의 나이와 성장 단계에 적절하도록 배려할 필요가 있다. 이런 관점은 '영 케어러'라는 틀이 있어야 가능하다.

학교에서 영 케어러에 관한 의식을 높이는 일이 대단히 중요하다. 많은 영 케어러에게 학교는 가정 외에 하루를 대부분 보내는 공간이기 때문이다. 과중한 업무에 시달리는 초등학교와 중학교 교사의 부담을 더 늘리는 게 아닌가 하는 우려가 있지만, 교사가 아니라도 아동이 매일 오가는 학교와 시간을 이용해 지역 주민이나 전문가가 영 케어러에 관한 지식을 넓히고 필요한 지원을 할 수 있다.

학생을 대상으로 영 케어러 설명회

윈체스터 시는 연초에 시내 공립 중학교 5곳에서 1학년 학생을 대상으로 영 케어러 설명회를 한다(여기서 말하는 중학교 1학년은 영국의 교육제도에서 7학년에 해당). 설명회는 윈체스터영케어러스가 주관한다. 조례 시간에 15~20분간 영 케어러의 하루를 그린 단막극을 보여주고, 그들이 느끼는 불안을 학생과 교사가 상상할 수 있도록 한다.

연극은 주인공 수지(14세)가 다발경화증과 우울증을 앓는 어머니와 자폐 성향이 있는 남동생을 보살피는 설정이다. 아버지는 일 때문에 집을 거의 비우고, 아내의 병세 악화를 받아들이지 못해 술을 많이 마신다. 수지는 그런 아버지에게 정신적 부담을 느낀다.

수지는 아침에 일어나면 가족이 먹을 식사를 준비하고, 도시락을 싼 다음 어머니의 약을 챙긴다. 그러고 나서 이모에게 전화 걸어 그날 어머니의 몸 상태를 보고하고, 남동생 프레드를 초등학교에 보낸다. 수지는 지각했고 숙제도 하지 않아, 선생님이 과제를 잔뜩 내줬다. 체육 시간에는 체육복이 더러워 주의를 받았다. 빨래할 시간이 없던 수지는 친구들에게 놀림을 당했다.

점심시간에 어머니가 걱정돼 전화를 걸려고 하는데 선생님이 휴대전화를 빼앗았다. 수지는 방과 후 초등학교로 가서 동생을 데려오고, 장을 봐 저녁을 차렸다. 친구들이 놀자고 해도 거절할 수밖에 없었다. 숙제를 시작하기 전에 뒷정리하고 집안일도 끝내야 했다.

스태프가 묻는다. "수지는 지금 어떤 심정일 것 같아요?" 학생들은 "피곤하다" "심리적인 부담을 느낀다" 같은 답변을 한다. 스태프가 다시 묻는다. "수지는 다른 사람에게 도움을 청할 자신감이 있을 것 같아요?" 대다수 학생이 고개를 저었다. 연극 후반에는 수지가 지원을 받는 장면이 있다.

어느 날 수지는 피곤해서 수업 중에 잠이 들었다. 선생님이 어머니를 부르겠다고 하자, 수지는 당황해서 모든 걸 털어놓았다. 이렇게 수지의 상황이 학교에 알려지고 지원이 시작됐다. 수지는 '영 케어러 프로젝트' 스태프와 일대일 면담을 하고 가정방문을 거쳐 영 케어러를 위한 방과 후 클럽과 액티비티에 참가하게 됐다.

'영 케어러 프로젝트' 스태프는 수지가 학교에서 느끼는 어려움에 관해 학교 선생님과 이야기를 나눴다. 덕분에 수지는 필요에 따라 숙제 제출 기한 연장, 5분 정도 지각, 점심시간에 집에 전화하기 등을 허락받았다. 스태프는 수지의 친척과 자원봉사 단체에 연락해서 집안일을 돕도록 했다. 수지는 점심시간에 열리는 영 케어러 미팅에서 같은 학교에 다니는 영 케어러와도 알게 됐다. 집안 상황이 더 어려워졌을 때, 수지는 '영 케어러 프로젝트' 스태프와 일대일 상담을 하고, 새로운 지원을 받았다.

연극이 끝나고 스태프는 윈체스터영케어러스 활동을 소개하면서, 학교와 '영 케어러 프로젝트'가 10년 이상 협력해왔다고 설명한다. 스태프는 학생들에게 호소한다.

학교는 영 케어러를 확실하게 지원합니다. 혼자서 어떻게든 해보려고 고민하지 마세요. 메리 선생님이 이 학교에서 영 케어러를 담당하니 자세히 알려줄 겁니다. 학년 주임 선생님이나 생활지도 선생님께 이야기해도 괜찮아요. 매주 월요일 점심시간에는 ○○ 교실에서 영 케어러 미팅이 열립니다. 여기에 오면 함께 점심을 먹고, 가족을 돌보는 다른 학생과도 만날 수 있어요. 관심 있는 학생은 이 카드에 이름을 적어 메리 선생님의 우편함에 넣어주세요. 우리는 그 카드를 받아 학생과 따로 만나는 시간을 마련할 겁니다.

카드에는 '내 이름은 ○○○, 나는 ○○을 돌보고 있습니다'라고 적혔다. 윈체스터의 공립 중학교는 해마다 학생들을 대상으로 이런 설명회를 하고, 영 케어러가 어떤 점에 어려움을 느끼는지, 어떤 지원이 필요한지, 지역에서는 어떤 지원을 받을 수 있는지 공유한다. 이 설명회를 통해 자신이 영 케어러라고 깨달은 학생은 이름을 적은 카드를 영 케어러 담당 교사 우편함에 넣는다. 학교에서 학생이 '영 케어러 프로젝트'와 연결되는 길은 이처럼 확보된다.

교사 연수에서 영 케어러 설명회

윈체스터 공립 중학교 교사 연수에서도 영 케어러에 관한 학습을 한다. 윈체스터영케어러스 스태프가 15분간 "중학생 몇명 중 한 명이 영 케어러라고 생각합니까?" "영 케어러의 몇 %가 가족을 돌보는 일로 괴로움을 겪을까요?" 같은 질문을 던진다. "중학생 12명 중 1명이 영 케어러입니다" "지금까지 조사에서는 영 케어러 약 25%가 가족을 돌보는 일로 괴로움을 겪는다고 보고됐습니다"라며 교사들의 관심을 끈 뒤, 영 케어러에 관해 구체적으로 설명한다.

내가 동행한 교사 연수에서는 영 케어러 20명 중 1명이 돌봄 때문에 결석하고, 영 케어러 39%가 자신이 돌봄을 맡는다는 사실을 학교에서 모른다고 답한 조사 결과가 보고됐다. 게다가 영 케어러는 돌봄과 학업을 병행하기 위해 상당히 노력하지만, 학업이나 심신에 영향이 있고 죄책감과 패배 의식이 들기도 한다고 설명한다.

윈체스터영케어러스 스태프는 영 케어러가 돌봄을 맡은 뒤 학교생활에서 나타날 수 있는 영향에 관해 말한다. 예를들어 '친구를 만나거나 운동할 시간이 없다, 숙제할 시간이 부족하다, 지쳤다, 많은 책임을 걱정하고 스트레스를 받는다, 마음이 답답하다, 건강이 좋지 않다, 다른 사람들과 동떨어져 있다, 괴로움을 겪는다, 자존감이 낮다' 등이다. 영 케어러는 '또래보다 성숙하다, 남의 이야기를 잘 들어준다, 자신이 돌보는 가족과 유대가 깊다' 등 돌봄을 하며 생기는 긍정적인 면도 설명한다.

학생이 영 케어러일 가능성을 나타내는 조짐은 '학교를 쉴 때가 있다, 지쳐 보인다, 숙제나 과제를 기한 내 제출하지 못할 때가 있다, 학교 활동에 참여하지 못한다, 부모가 학부모 모임에 나오지 않는다' 등이다. 영 케어러는 자신의 불안에 대해 익명으로 상담할 기회, 필요한 부분을 이해하고 교육의 기회를 넓혀주려고 하는 선생님, 정보나 지원을 받는 방법, 돌봄이나 장애에 관한 학교의 이해를 원한다.

설명을 마친 스태프는 윈체스터영케어러스의 지원 활동을 소개하고, 영 케어러일지 모르는 학생이 있다면 교내 영 케어러 담당 교사나 매주 학교에 들르는 스태프와 연결해달라고 요청했다. 교사들은 협조적이었다. 교사로서 무엇을 어디까지 하면 되는지 분명히 이야기한 점이 교사들의 태도에 큰 영향을 준 것 같았다. 이런 설명회는 초등학교 보건교사나 대학의 보건센터 직원을 대상으로도 실시하며, 나름의 성과를 올리고 있다.

영 케어러가 학교에 바라는 10가지

이 장 서두에 소개한 대로 영국에서는 2000년부터 해마다 '영 케어러 페스티벌'이 열린다. 최근에는 전국에서 영 케어러 약 1500명이 모일 정도로 규모가 커졌다. 해마다 페스티벌 슬로건이 다르며, 2006년은 '돌봄을 배우다, 배움을 돌보다'였다. 영 케어러가 바람을 적는 부스도 설치한다. 2006년에는 이들이 작성한 바람을 집계해서 '영 케어러가 학교에 바라는 10가지'를 제시했다.

1. 케어러로서 책임이 우리의 교육과 학교생활에 영향을 준다는 사실을 인식해달라.
2. 우리에게 무엇이 필요한지, 우리가 어떤 점에서 다른 학생과 다른지 우리 이야기를 들어달라.
3. 가정에서 개인적 문제에 관해 물어볼 시간을 마련해달라. 우리가 먼저 말하기 부끄러운 일도 있기 때문이다.
4. 지각했을 때 기계적으로 벌하지 말아달라. 우리는 가족을 돕느라 어쩔 수 없이 늦을 때가 있다.
5. 점심시간 영 케어러 미팅이나 방과 후 클럽 등을 더욱 지원해달라.
6. 숙제나 과제 제출에 유연하게 대응해달라(숙제와 과제를 위한 시간과 도움이 더 필요하다).
7. 수업에서 영 케어러와 장애에 관해 다뤄달라.
8. 부모가 괜찮은지 확인해야 할 때 집에 전화하게 해달라.
9. 정확한 최신 정보가 실린 게시판을 설치해서 우리에게 도움이 되는 정보나 지역의 어느 기관에서 우리를 지원하는지 알 수 있도록 해달라.

10. 선생님들이 대학에서 연수를 통해 영 케어러와 장애에 관한 훈련을 받도록 해달라.

영 케어러는 이 10가지를 통해 자신이 다른 학생과 어떻게 다른지 교사가 인지한 다음, 이야기를 듣고 유연하게 대응해주기 바랐다. 수업에서도 영 케어러나 장애에 관해 다뤄주기를 바라고, 지역의 영 케어러 지원 정보를 제공해주길 원했다. 이들이 원하는 건 약간의 인식과 배려, 자신을 대하는 태도, 정보 제공 같은 사소한 부분임을 알 수 있다.

영 케어러에게 발급하는 ID카드

윈체스터 시의 공립 중학교 5곳에서는 햄프셔주가 '영 케어러 ID카드'를 발급한다. 윈체스터영케어러스 스태프인 학교 코디네이터가 이 카드를 마련하지만, 주에서 발급하는 형태라는 점이 흥미롭다. 이처럼 지자체가 영 케어러 ID카드를 발급하는 지역이 여러 곳인 듯하다.

카드 앞면에는 영 케어러의 소속 학교 마크와 윈체스터영케어러스 로고, 유효 기한, 햄프셔주 마크가 있다. 뒷면에는 학생의 이름과 허락되는 내용이 적혔다. 어떤 영 케어러는 '화요일 점심은 IT3 교실에서 열리는 영 케어러 미팅에 참석하기 위해 수업을 빠지는 것을 허락합니다'라고 쓰였고, 다른 영 케어러는 '집에서 숙제할 수 없을 때는 숙제를 끝내기 위한 추가 시간과 도움을 제공합니다. 쉬는 시간에 컴퓨터 사용을 허락합니다'라고 쓰인 식이다.

교사에게 영 케어러 ID카드를 제시하면 학생은 질문을 받지 않고, 카드에 적힌 내용을 허락받을 수 있다. 이는 영 케어러가 각각의 교사에게 집안 사정을 재차 설명하거나 수업 중에 이야기하며 주목받는 일을 방지한다. 유효 기한이나 허락받은 내용은 윈체스터영케어러스 학교 코디네이터가 아동을 평가한 뒤에 결정한다. 상황이 바뀌면 내용을 변경할 때도 있다.

점심시간 영 케어러 미팅

윈체스터영케어러스 스태프는 월요일부터 금요일까지 시내 공립 중학교 5곳을 매일 한 곳씩 돌며 영 케어러와 개별 면담이나 점심시간 영 케어러 미팅을 한다. 때로는 점심시간 전후에 해당 학교의 영 케어러를 모아 '영 케어러 그룹 모임' 수업을 한다.

스태프는 점심시간에 영 케어러 미팅이 예정된 교실에서 학생들을 기다린다. 학생들은 각자 도시락이나 교내 매점에서 구입한 음식을 가지고 교실로 모인다. 점심시간 영 케어러 미팅에 참석하는 인원은 학교마다 다르지만, 보통 4~5명이다. 7학년이 있는가 하면 11학년도 있는데, 서로 잘 아는 사이라 식구 같은 느낌이다. 학생과 스태프가 함께 도시락을 먹으며 수다 떨다가 어느 정도 인원이 모이면 윈체스터영케어러스의 '목적과 지침'을 확인하고 미팅을 시작한다.

스태프가 색과 모양이 다양한 단추가 든 상자를 꺼내면, 학생들은 '오늘 나의 기분'을 표시하는 단추 1~2개를 고른다. 소용돌이 모양 단추를 고르는 아이도 있고, 크고 납작한 핑크 단추를 고르는 아이도 있다. 딱딱한 검정 단추나 밝은 하늘색 작은 단추, 진주 같은 단추를 고르는 아이도 있다. 그리고 단추를 고른 이유를 설명하는데, "크리스마스가 다가와 설렌다" "피곤하다" "그냥"과 같이 말한다.

다음은 '이번 주 하이 앤드 로' 차례다. '하이'는 기대하거나 즐거운 일, '로'는 마음이 답답한 일이나 걱정거리를 말한다. 예를 들어 하이에서는 "이번 주는 교사 연수 때문에 금요일 수업이 없어서 기쁘다" "주말에 크리스마스를 위한 장보기를 마쳤다" "오랜만에 사촌 여동생을 만나기로 했다" 등을, 로에서는 "감기에 걸렸다" "지금 아버지와 이야기하고 싶지 않다" "숙제 제출 기한이 다가오는데 별로 하지 못했다" 등을 이야기한다.

스태프는 이야기를 듣고, 예를 들어 학교가 3일 연속 쉰다면 숙제를 끝낼 수 있는지 묻는다. 학생이 그렇다고 하면 집에서 차분히 공부할 수 없는 영 케어러를 위해 "제출 기한을 연장해달라고 선생님한테 말할까?"라고 학생의 의사를 묻는다. 본인이 희망하면 윈체스터영케어러스 스태프가 교사에게 정식으로 요청한다. 이야기 내용이나 학생의 분위기에 따라 스태프가 일대일로 이야기하는 편이 낫다고 판단하면, "이번 주중에 일대일로 만나서 이야기할까?"라고 물어본 뒤 희망하는 경우 면담을 마련한다.

나머지 시간에는 대부분 게임을 한다. 점심시간이 길지 않기 때문에 간단한 게임이다. 예를 들어 메모지에 유명인의 이름을 적어 옆 사람 머리에 붙이고 각자 자기 머리에 붙은 유명인에 대해 "이 사람은 젊습니까?" "영국에 사나요?" "노래를 부릅니까?" "부자입니까?" "스포츠를 합니까?"와 같이 질문하고 알아맞힌다. 간단한 게임을 즐겁게 하다 보면 점심시간이 거의 끝난다. 영 케어러에게 이 시간이 편안한 휴식이 되기를 바라는 스태프의 마음이 담겨 있다.

의료 · 복지 전문가가 영 케어러를 알아차리는 일
영 케어러의 존재를 빠르게 알아차리는 일은 교직원뿐만 아니라 의료 · 복지 전문가에게도 필요하다. '환자'나 '이용자'는 물론, 영 케어러의 존재에도 관심을 기울인다. 아동이 나이에 맞지 않는 돌봄 부담을 지지 않도록 적절한 기관과 서비스로 연결하는 일은 그 분야 전문가이기에 가능하다.

다른 연령대 간병인을 자주 접하는 전문가가 주의해야 할 점은 영 케어러의 나이와 생애 주기다. 영 케어러는 다른 연령대 케어러와 단순 비교하면 안 되는 것이 많다. 예를 들어 영 케어러가 맡은 돌봄의 부담을 단지 간병 시간으로 봐선 안 된다. 간병 시간에 초점을 맞추면 영 케어러의 돌봄 부담은 고령자 케어러에 못 미치기 때문이다. 고령자 케어러는 영 케어러가 '체력이 있어서 좋다'고 느끼기도 한다. 그러나 자신의 미래를 위해 학교나 업무에서 성과를 요구받는 사람이 느끼는 4시간과 직장에서 은퇴하고 주로 집에서 보내는 사람의 4시간은 다르다.

다양한 간병인을 한 잣대로 놓고 간병 시간이 긴 사람을 우선해 지원하는 구조라면 영 케어러는 시간이 지나도 지원받을 수 없다. 돌봄을 맡은 아동과 청년의 상황을 중·장년 케어러를 기준으로 파악하지 않도록 주의해야 한다.

이 장에서는 돌봄에 관해 안심하고 말할 수 있는 상대와 장소를 만들고, 가정에서 맡은 돌봄을 줄여가며 영 케어러에 관한 사회의식을 높이는 지원 방향을 중심으로 설명했다. 영 케어러에 대한 지원을 마련할 때, 반드시 당사자의 이야기부터 자세히 듣고 그들의 희망 사항을 중심으로 지원 형태를 만들어야 한다. 아동이 돌봄을 맡는다는 게 어떤 일인지 상상할 수 있는 사람은 한정되고, 사회제도는 시대에 따라 달라진다. 우선 당사자가 이야기할 수 있고, 그 과정에서 나온 바람을 구체화한 지원을 마련하는 게 중요하다.

6

영 케어러가 말하기 쉬운 환경을 만들려면

스피커뱅크 만들기

영국의 현장에서는 영 케어러 지원 제도가 아동의 바람을 토대로 고려돼야 한다고 계속 강조했다. 아동이자 케어러인 영 케어러에게 돌봄을 맡지 않은 아동이나 성인 케어러에게 해당하는 지원은 도움이 되지 않는다. 주변에서 도움을 주려고 한 일이 영 케어러 본인에게는 도움이 되지 않는 경우도 종종 있다. 우선 돌봄을 맡은 아동이 무엇을 느끼는지 귀담아듣고, 영 케어러 안에서 다양성에 관심을 둔다. 이런 섬세함이 필요하다.

현재 일본 곳곳에서는 영 케어러를 지원할 필요성에 대한 인식이 조금씩 확대되고 있다. 일본케어러연맹 '영 케어러 프로젝트'에서는 돌봄 경험을 이야기하고 싶어 하는 과거 영 케어러와 현재 돌봄을 맡은 영 케어러나 청년 케어러가 자신의 경험을 이야기할 수 있도록 훈련하는 '스피커뱅크'를 추진 중이다.

영 케어러와 청년 케어러는 자신의 경험이 타인에게 도움이 되기를 바라지만, "당신의 돌봄 경험을 이야기해달라"는 말을 듣고 바로 이야기할 수 있는 건 아니다. 많은 케어러는 혼란에 빠진다. 그들은 무엇을, 어떻게, 어디까지 이야기해야 좋을지 고민한다. 자신과 가족이 상처받지 않고 그 경험을 전할 수 있을지, 자신은 무엇을 바랐는지, 어떤 지원이 필요했는지 등 많은 것을 고려한다.

일본케어러연맹 '영 케어러 프로젝트'는 관심 있는 청년들이 단계적으로 자기 이야기를 할 수 있도록 지원한다. 우선 다른 사람의 이야기를 듣고, 비슷한 경험이 있는 사람이나 돌봄에 대해 이해하는 사람과 편안한 상태에서 자기 이야기를 한다. 돌봄 경험이 없는 사람에게도 전해질 수 있도록 말로 표현해 내부에서 공유하고 연습한 뒤 사람들 앞에서 말하는 것을 목표로 한다.

2018년 1월에는 돌봄 경험을 강연에서 이야기한 적 있는 청년 8명이 모여 일본케어러연맹 '영 케어러 프로젝트' 멤버들이 이야기를 듣는 자리가 마련됐다. 릿쇼대학 사회복지학부 모리타 구미코 부교수를 중심으로 준비했고, 여러 멤버가 진행을 맡아 그룹 인터뷰를 했다. 청년들은 자신이 한 강연이 언제, 어떤 목적으로 누구를 대상으로 기획됐으며, 어떤 이야기를 했는지, 왜 그 제안을 받아들였는지, 강연에 만족했는지, 어려운 점이나 아쉬운 점, 개인 정보를 어디까지 공개할지, 스피커뱅크나 스피커 육성 프로그램에 바라는 점, 돌봄에 대해 이야기하는 일이 자신에게 어떤 의미가 있는지 적극적으로 답했다.

이야기는 현재 시점에서 과거를 돌이켜보는 일이다. 돌봄 경험을 이야기할 때도 무엇을 중심으로 말하고, 그 이야기를 자신이 어떻게 느끼는지는 생애 주기나 현재 상황, 이야기를 듣는 사람들과 나누는 상호작용에 따라 달라진다. 청년들이 자신의 경험을 바탕으로 풀어내는 이야기가 타인의 공감이나 이해와 어우러져 새로운 깨달음을 주고 확장해가는 자리였다.

\

돌봄을 맡는 것에 대한 공감과 연대의 가능성

마지막으로 돌봄에 대한 공감과 연대의 가능성을 이야기하고 싶다. 케어러는 지금까지 고령자, 장애인 등 돌봄을 받는 사람의 속성에 따라 제도와 기관, 지원 조직이 나뉘는 상황을 극복하기 위해 등장한 용어다. 혼자 생활할 수 없는 사람을 대가 없이 보살피는 일과 삶의 만족 사이에서 갈등하는 마음이 다양한 케어러를 잇는 원동력이다.

나 역시 육아에 시달리며 일을 구하려고 애쓸 때, 영 케어러를 처음 알고 관심이 생겼다. 일의 전망이 보이지 않고 가정에서도 안정감을 잃은 상황이라, 영 케어러의 현실에 공감이 갔다. 당시 나는 다음과 같이 썼다.

현실적으로 무리다. 아이를 키우면서 연구하는 건 장기적인 전망을 기대하기 힘들다. 지금 시대의 육아가 구체적으로 어떤 모습이 될지는 아이가 그 나이가 되지 않으면 알 수 없다. 육아는 사는 지역과 아이가 다니는 보육원이나 유치원, 학교의 영향을 받는다.

아이가 갓난아기일 때에 비하면 상당히 편해졌지만, 아침에 일찍 일어나서 메일부터 체크하고, 도시락을 싸고, 아이들 아침 식사와 외출 준비, 내 외출 준비, 뒷정리와 설거지를 해야 한다. 수업이나 조사를 나갈 때도 한 주에 절반은 저녁 시간에 들어와서 요리하고, 식사 후 정리와 빨래를 하고, 아이들을 씻기고 재워야 한다. 대개 나도 피곤해서 아이들과 함께 잠든다. 한밤중에 벌떡 일어나 컴퓨터를 켜고 일할 때도 있지만, 중간에 아이가 엄마를 부르며 일어나거나 잠이 깨서 다시 잠들지 못할 때도 있다. 방심하면 체력도 기력도 한계에 달해, 어느 날 갑자기 몸 상태가 나빠진다. 일하는 엄마 때문에 아이들이 잠자리에 드는 시간이 늦어지니 죄책감이 들기도 한다.

아이가 둘이 되고 나서 내가 쓰는 논문은 줄었다. 연구회도 전보다 참가하지 못한다. 주말을 연구와 아이 관련 행사, 학회와 연구회로 쪼개 써야 하니 어쩔 수 없다. 월 1회 모이는 연구회에서 참가를 제안해도 아이 때문에 친목회나 합숙에 따라가기 힘들다. 그러다 보니 연구와 직접적인 관련이 있는 조사를 우선하게 됐다.

이런 경험이 반복되면 점차 자기평가가 낮아진다. 일자리를 구할 수 있을까…. 주변의 여성 연구자들도 회의와 논문 심사, 입시, 간행물 편집 등으로 상당히 지친 모습이다. 지금 내 생활은 요리와 설거지, 빨래, 아이 학교 보내기에 시간강사로 강의에 나가고 연구하는 것만으로 힘에 부친다. 하물며 학사와 교육 업무가 가능할까. 그렇다고 육아를 완전히 친정 어머니한테 맡기고 주말에 아이를 만나러 가는 것도 내키지 않는다. 대체로 주말에 일이 많기도 하고.

이대로 시간강사를 하다가 상근직 연령 제한이 넘어가면 연구를 취미로 하게 될까…. 대학 사정에 따라 시간강사 자리가 없어지면 그다음에는 일할 곳이 있을까. 나보다 뛰어난 젊은 사람이 많고, 내게 더는 기회가 없을지도 모른다. 지금까지 연구에 시간과 에너지를 쏟았지만, 아이에게 충실하려면 역시 일은 무리일까….

아이가 하는 이야기를 들어주고, 유치원과 병원에 데려간다. 장을 보고, 요리하고, 빨래와 설거지, 청소로 쾌적한 생활을 꾸려간다. 이런 노동이 의미 있는 일이라 생각하고, 엄마로서 책임감과 자부심도 있다. 하지만 제한된 시간에 가사와 일의 균형을 잡기 어렵고, 나는 점점 일에서 좋은 평가를 얻기 힘들다.

'시간만 있으면 나도 할 수 있는데…' 요즘은 이런 생각을 웬만하면 안 하려고 한다. 아무리 생각해봤자 실제로 그 시간이 없다면 '불가능한' 일이기 때문이다. 평가의 잣대에서 자유로워지고 싶을 때도 있다. 떳떳하지 못한 마음과 열등감에서 벗어나 지금 내 생활을 잘 꾸리고 싶다.

하지만 이런 마음도 잠시, 내 역할을 잘 조정하면서 어떻게든 양쪽에 간신히 매달리고 싶다. 나는 가정에서 내 역할과 일 사이에서 갈라지고 있다. 가족과 일. 둘 다 소중한 만큼 때때로 부담스러워하는 게 괴로웠다. 취직을 목표로 쌓아온 일의 의미가 이대로 사라지는 건 아닌지 초조하던 무렵에 영국의 영 케어러 수기집을 읽고 공감했다.

16세 여자

2월에 학교를 중퇴해야 했다. 어머니 간병을 하느라 너무 많이 빠졌기 때문이다. 숙제도 못 하고, 졸업 시험 전에 제출해야 할 과제를 내지 못했다. 시험을 치는 데 필요한 과제도 못 해서 중퇴하기로 했다. (…)

아홉 살 때부터 빨래, 설거지 등 집안일을 했다. 어머니를 욕조에 옮기는 일도 했다. 결국 내가 해야 했다. 집과 마당을 깨끗이 하고, 주방과 침실, 욕실 정리까지 내가 해야 한다. 전에는 거실 청소를 해주는 사람이 왔지만, 집에 여유가 없어서 내가 맡았다. 어머니는 식사를 만들어주고 야간에 돌봐줄 사람도 필요했다. 어머니는 가끔 요리를 했지만, 접시에 음식을 담지 못했다. 어머니는 의자에 앉아 감자나 당근 껍질을 벗길 수 있어도, 냄비든 뭐든 떨어뜨리니까 아무것도 들 수 없었다. 그래서 보통 내가 한다. 요리하는 법을 배웠다. 앞으로도 나는 빨래하고, 아버지와 어머니 옷을 다릴 것이다. 모든 일을 하게 될 것이다.

어머니는 스스로 욕조에 들어가거나 나올 수 있지만, 괜찮은지 확인해야 한다. 그래서 나는 계단을 오르락내리락한다. 전에는 어머니가 집에 혼자 있는 것도 우려되는 상태였다. 그럴 때는 학교에서 집으로 전화했는데, 어머니가 주방에 있으면 전화벨 소리를 듣지 못하기도 했다. 걱정이 된 나는 어머니가 괜찮은지 확인하려고 조퇴했다. 화요일, 수요일, 목요일, 금요일 오전이나 일주일에 두 번 정도 조퇴했다. 일주일 내내 쉴 때도 있었다. 중학생 때부터 그런 생활이었다.

선생님들은 내가 학교에 빠지는 만큼 보충하고 있다고 생각했다. 선생님들은 '어떤 이유에서도 가족 문제로 학교를 쉬어선 안 됩니다. 학교를 쉬면 빠진 부분을 채워야 합니다'라고 집에 편지를 보냈다. 나는 그렇게 했다. 하지만 친구의 노트를 베낄 뿐, 수업을 듣는 친구처럼 내용을 제대로 이해하지 못했다. 수업 시간에 직접 필기한 것도 이해가 안 되는데 베껴봤자 무슨 의미가 있을까 싶어서 결국 그만뒀다.

교육이나 복지 담당자는 "어떤 이유가 있어도 학교를 쉬어선 안 됩니다. 당신은 도우미가 필요합니다"라고 말할 뿐이었다. 말은 행동보다 간단하다. 그 사람들은 돈이 있으니까 문제될 게 없다. 우리처럼 가난한 집은 간병인을 부를 수 없다. 그래서 그런 말을 들어도 무시했다. 학교에는 갈 수 없었다. 어머니가 더 중요했다.

올해 1월, 교육과에서 찾아와 내가 학교에 나가지 않으면 어머니와 아버지가 재판에 회부될 수 있다고 말했다. 하지만 재판이 시작되기까지 6개월 이상 걸리니, 그전에 나는 아무 곳에나 시험을 쳐서 학교를 졸업했다. 나는 신경 쓰지 않았고, 그 뒤로 아무도 뭐라고 하지 않았다.

어머니가 뇌졸중에 걸리지 않았다면 나는 지금쯤 학교에 다닐 것이다. 과제도 전부 제출했을 것이다. 나는 학교에 다니는 일에 집중할 수 있었을 테고, 대학도 갔을 것이다. 어쩌면 학교를 졸업하고 바로 취직했을지도 모른다. 지금 와서는 모르는 일이지만. 지금처럼 중퇴했을 수도 있지만, 나는 학교에서 교육 수료 증명 시험을 치고, 나름의 성적을 거둬 취직했을 것이다. 일자리를 구해서 적은 돈을 벌어도 지금보다 나은 상황일 것이다.[54]

수기집에 나오는 영 케어러의 목소리는 하나같이 절실했다. 그들도 나와 마찬가지로 가족을 소중히 생각하고, 가족을 돌보고 싶은 마음과 자기 미래를 위한 공부나 일 사이에서 고민했다. 남의 일 같지 않았다.

가족은 소중한 존재다. 가족에게 내가 필요하다면 가능한 한 모든 일을 하고 싶다. 이런 감정은 자연스럽다. 돌봄을 통해 가족 간에 유대가 강해지고, 결속이 깊어지는 점도 좋다고 생각한다. 하지만 돌봄을 맡으면 자신에게 쓸 수 있는 시간과 마음의 여유가 사라진다. 일과 인간관계에서 돌봄을 떠맡지 않은 사람들과 다르다. 그래서 '이대로 괜찮을까' 하는 불안이 늘 따라다닌다. 주변 사람들에게 민폐를 끼칠지 모른다는 찝찝함도 있다.

❯

돌봄의 경험과 일본 사회

나와 영 케어러는 분명히 다른 점도 있다. 우선 육아와 간병은 다르다. 육아는 아이가 성장하는 모습을 지켜보는 기쁨이 있고, 시간이 흐르면 아이에게 필요한 돌봄 노동이 줄어든다. 하지만 간병은 환자의 상태가 조금씩 좋아질 수 있어도, 병의 진행이나 노화를 거스를 순 없다. 돌봄 기간이 어느 정도 필요한지 전혀 예상할 수 없고, 돌봄을 맡은 자신이 앞으로 어떻게 될지 상상하기 어렵다.

나는 성인이기에 지금까지 쌓아온 인간관계나 지식, 경험이 있다. 그만큼 지원받기도 수월하다. 나는 집에서 컴퓨터나 휴대전화로 인터넷에 접속하고, 검색창에 어떤 단어를 입력해야 필요한 정보가 나올지 짐작할 수 있다. 광고에서 지역의 서비스를 찾아보거나, 필요하면 관공서에 문의하는 방법을 안다. 지금까지 쌓은 인간관계 덕분에 큰 어려움이 닥쳤을 때 도와줄 사람도 있다.

하지만 아동인 영 케어러에게는 지금까지 생활이 자신이 아는 전부고, 새로운 정보나 서비스에 어떻게 접근해야 할지 모른다. 무턱대고 외부에 도움을 청했다가 돈이 엄청나게 들지 않을지, 가족이 뿔뿔이 흩어지지 않을지 두렵다. 아동이 가족의 간병이나 돌봄을 맡는다고 생각하지 않는 사회에서 영 케어러의 경험은 또래 아동과 다른 부분이 있다. 아동이면서 돌봄을 짊어진 이중성이 영 케어러의 특징이다.

어른인 나도 힘든 이런 갈등을 미성년 아동인 영 케어러가 경험한다. 그 점을 깨닫고 나서 영 케어러를 위한 일을 하고 싶었다. 돌봄을 맡은 아동이 느끼는 불안과 갈등을 줄여주고, 또래 아동과 비슷한 기회를 누릴 수 있도록 무슨 일이든 하고 싶었다.

앞으로 사회는 어떤 형태로든 돌봄을 경험하는 사람이 늘어날 것이다. 자신도 병이나 장애가 있는 상태에서 돌봄을 맡는 일이 흔해질 것이다. 누군가를 뒷받침하며 자신도 지켜야 하는 사람이 많은 사회일수록 어린 나이에 돌봄을 맡은 아동에 대한 배려와 이해, 공감, 지원이 확대될지 모른다.

도움이 필요한 사람을 대가 없이 돌보는 일, 자신과 가족을 경제적으로 지탱하는 일. 둘 중 한쪽을 취하면 다른 한쪽이 성립하지 않는 사회에서는 아무도 가족을 유지할 수 없다. 돌봄을 경험한 이들의 지식과 이해가 많은 사람이 일하기 좋은 환경과 건강한 사회를 만들어가는 제도로 이어지기를 소망한다.

맺 는 말

영 케어러에 대한 책을 쓰고 싶다고 여기저기에 말해놓고 완성하기까지 7년이 지났다. 열의는 있었지만 쓰지 못했다. 나 자신이 영 케어러에 대해 제대로 정리하지 못했기 때문이다. 선진적인 연구를 해온 영국 러프버러대학교 영케어러연구소 홈페이지에는 방대한 관련 자료가 있다.

내가 러프버러대학교를 처음 방문한 때는 2010년이다. 이곳 연구소 소장인 조 올드리지 교수를 만나 현재 읽을 가치가 높은 자료가 무엇인지 알려달라고 부탁했다. 올드리지 교수는 1995년 · 1997년 · 2003년 전국 조사 보고서가 항목 비교를 할 수 있다며 추천했다.

현장에서 영 케어러를 지원하는 사람을 소개받아 더칠드런스소사이어티에서 지원 활동을 펼쳐온 제니 프랭크를 알게 됐다. 버밍엄에서 열린 회의에 찾아가 그녀에게 "일본에서 왔습니다"라고 인사했다. 이 만남이 2015년 윈체스터에서 머물며 조사하는 계기가 됐는데, 당시에는 내가 하는 일이 어떻게 될지 전혀 알 수 없는 상태였다.

일본에서는 영 케어러를 만날 수 있는 곳을 찾기 힘들었다. 정시제 고등학교*에서 아동이 지낼 거처를 마련하고 상담을 담당하는 사업을 하는 단체에 연락해 정신적인 문제가 있는 어머니와 자매를 보살피는 여학생, 집안일을 도맡는 고등학생에 관한 이야기를 들었다.

실제로 그런 아동과 게임을 하면서 이야기할 기회가 있었지만, 그 자리에서 돌봄에 대해 깊이 물어볼 수 없었다. 단체 스태프가 "지금은 그런 질문을 하지 말아달라"고 요청했기 때문이다. 그 아이들은 원래 그런 것이라 여기고 하루하루 담담하게 해내는데, 인터뷰를 계기로 그 의미에 대해 깊이 생각하다가 힘들어질 수도 있다는 것이다. "친구들과 다른 경험을 하고 있다는 사실은 좀 더 어른이 되고 나서 알아도 된다"는 말에, 지금 상황에서는 아이들이 돌봄에 대해 이야기하더라도 그들을 케어러로 지원해줄 곳이 없을 듯해 움직이기 어려웠다.

빈곤과 학대 등 다양한 이유로 어려움에 부닥친 아동도 있는데, 어째서 돌봄을 맡은 아동만 별도로 생각해야 하느냐는

---

* 야간 혹은 특정 시간이나 시기에 하는 학습 과정.

스태프의 질문에 나는 대답하지 못했다. "평소 어른이 맡는 것으로 여기는 돌봄을 하는 아이들은 그들만의 불안이나 자부심, 조바심이 있다. 돌봄에 대해 잘 아는 어른이나 같은 상황에 있는 아이가 이야기를 듣고 고민을 함께 해결하는 의사 결정을 돕는 데 의미가 있다"고 말할 수 있게 된 것은 시간이 상당히 지난 뒤의 일이다.

돌봄 경험을 이야기하는 청년을 만나고 나서는 그들의 이야기를 어떻게 이해해야 할지 몰랐다. 영 케어러가 맞는지 헷갈리는 사람도 있었다. 병원에서 3개월간 지내며 할아버지를 간병한 사람, 어머니가 돌아가셨을 때 초등학생이었다는 사람, 부모뿐만 아니라 자신도 같은 병에 걸린 사람… 혼란스러웠다.

'케어러'는 한시도 그 자리를 떠날 수 없는 사람만 가리킬까? 다른 주 간병인이나 의료 관계자가 돌봄에 깊이 관여할 때, 이들을 케어러라고 할 수 있을까? 영 케어러라고 할 때는 어느 정도의 노동과 빈도를 상정할까? 돌봄을 할지, 돌봄을 받을지는 상대적으로 결정될까? 머리가 복잡했다. 혼란에 빠져 기록을 끝까지 정리하지 못한 인터뷰도 있다.

최소한으로 필요한 돌봄이란 뭘까? 그것이 애초에 가능한 발상일까? 돌봄 역시 육아와 마찬가지로 하면서 더 나은 돌봄을 추구하며 파고드는 구조가 있는 것 같다. 하지만 스스로 컨트롤할 수 있을까? 지극히 평범한 일이 아닐까? 아동이 자발적으로 돌봄을 맡았다면, 자유의사에 따른 선택으로 지원 대상이 되지 않을까? 다른 선택지가 보이지 않는 아동의 시점에서 내린 선택을 자유의사라고 해도 될까?

이런 의문은 2015년 영국에서 영 케어러와 이들을 지원하는 사람을 수없이 만나는 동안 대부분 해소됐다. 맡은 돌봄이 아동의 연령과 성장 단계에 비해 무겁고, 아동의 감정과 생활에 어떤 지장이 있다면, 그들은 모두 영 케어러로서 지원을 받았다(다만 그것을 명확히 하기 위한 평가가 있었다).

한편 돌봄은 계속 맡지만, 영 케어러에 특화된 지원을 받고 졸업하는 아이도 있었다. 영 케어러는 몇 년간 지원받으면서 만일의 상황에 의논할 상대나 친구, 학교에서 도와주는 선생님이 생기고, 돌봄에 대한 마음가짐도 달라진다. 새로운 이야기를 할 필요를 느끼지 못하면 영 케어러의 정기 모임에서 빠져도 된다고 생각하는 아이도 있다. 그런 아이들은 일반 중학생이나 고등학생을 대상으로 한 모임에 관심을 돌리고, 영 케어러에 특화된 모임에서 빠져나갔다. 이런 일을 포함해서 영국에 머무는 동안 '그렇군, 이런 거구나'라고 수긍하는 일이 자주 있었다. 당시 보고, 듣고, 생각한 여러 가지를 꼼꼼히 기록했다.

일본으로 돌아와 미나미우오누마 시에서 진행한 실태 조사 후, 지원 체계를 어떻게 구축할지 여러 번 논의하고 모색했다. 2017년 여름에 지원의 방향성이 마침내 보여, 중요하다고 생각한 부분을 글로 옮길 수 있게 됐다. 깊이 고민하고 시행착오를 겪은 시기가 지나니 분명해지고 정리되는 것이 있었다. 세상에 무의미한 일은 없는 것 같다.

마지막으로 이 책은 2018년 4월에 작성한 글이라는 점을 강조하고 싶다. 이 책에 나오는 이야기는 대부분 돌봄이 끝난 영 케어러가 과거를 돌아보며 말한 내용이다. 달리 말하면 현재 돌봄의 한복판에 있는 영 케어러의 목소리는 별로 담지 못했다. 지금은 이것이 최선이다. 앞으로 '영 케어러'라는 말이 더욱 확산하면 스스로 영 케어러라고 인식하고 그 경험을 이야기하는 아동의 연령층이 낮아지고, 가족을 돌보는 아동의 이야기가 좀 더 전면에 나오리라 생각한다.

영 케어러라는 말이 알려진 지금 시기에 이야기한 사람은 어쨌든 말할 힘이 있는 이들이다. 어떤 계기로 영 케어러라는 말을 알았고, '돌봄을 맡았다'고 자각해 그 경험을 분석하고 자기 이야기를 들어줄 이들에게 스스로 연락한 사람들이다. 앞으로 주변 어른들의 독려에 조금씩 목소리를 내는 아동도 늘어나지 않을까. 어른들이 '영 케어러는 나이에 비해 무거운 부담을 지고 돌봄을 맡은 아이들'로 인식하고 그들의 이야기를 듣는다면, 영 케어러가 편하게 이야기할 환경이 마련될 것이다.

영 케어러의 가족도 아동이 돌봄을 맡는 것 때문에 비판받지 않고, 오히려 아이가 안심하고 지낼 수 있게 주변에서 힘을 모아주는 상황이 된다면 지원을 요청하는 심리적 장벽이 좀 더 낮아질 것이다. 기나긴 인생을 살다 보면 사람마다 경제적 여유, 시간과 에너지, 체력이 없는 때가 오고, 그 시기는 각자 다르다. 영 케어러는 가족 가운데 자신이 상대적으로 여유가 있다고 생각해 돌봄을 떠안은 아동이다. 오늘날 어른도 여유가 없겠지만, 아동에 비하면 경험과 지식, 판단력, 경제력, 이동할 힘, 사람 간 연결 고리가 많다. 어른 역시 주변 사람들의 도움으로 이런 것을 갖춰왔다.

가족의 형태와 사회의 경제 상황이 예전과 달라진 만큼, 가족이 아닌 사람과도 가족의 책임과 무게를 편히 나눌 수 있기를 바란다. 아동이 돌봄을 맡을 때 감당하는 부담을 헤아리고, 마음 편히 자신의 성장을 위한 일도 할 수 있는 환경을 조금씩 만들어가고 싶다. 어쩌다 가족에게 병이나 장애가 생겨도, 아동이 돌봄을 이해하는 사람들과 이어져 잠시 숨을 돌리거나 즐거운 한때를 보내며 결과적으로 '여러 가지 일이 있었지만, 이것대로 지금의 나를 만들었다'고 자부심을 가질 수 있다면 좋겠다. 영 케어러의 부모도 자녀에게 미안함보다는 돌봄의 경험을 통해 아이와 이어진 세계가 유익했다고 느끼기를 바란다.

이 책은 일본학술진흥회 과학 연구비 조성 사업(기초연구 C) '영 케어러 지원에 관한 연구'(연구 과제 번호 : 16K04100)의 연구 성과 일부다. 영국에서 진행한 조사와 자료 수집은 세이케이대학 2015년 장기 연수 일환이었다. 2장은 내가《사회복지학》54권 4호에 게재한 논문과 일반사단법인 일본케어러연맹 영 케어러 프로젝트 조사 보고서에 집필한 부분을 가필·수정한 것이다.

이 책이 영 케어러와 그들에게 힘이 되고자 하는 분들에게 도움이 되기를 바란다.

시부야 도모코

미주

1   Saul Becker, Jo Aldridge and Chris Dearden, *Young Carers and their Families*, Blackwell Science, 1998, p. 36.

2   Office for National Statistics, "Providing unpaid care may have an adverse affect on young carers' general health", 2013, http://webarchive.nationalarchives.gov.uk/20160105160709/http://www.ons.gov.uk/ons/rel/census/2011-census-analysis/provision-of-unpaid-care-in-engalnd-and-wales—2011/sty-unpaid-care.html(2018년 3월 14일 열람).

3   총무성 통계국, 〈2012년 취업 구조 기본 조사〉, 표 203, 2013, http://www.e-stat.go.jp/SG1/estat/GL08020103.do?_toGL08020103_&tclassID=000001048178&cycleCode=0&requestSendar=search(2018년 3월 14일 열람).

4   Chris Dearden and Saul Becker, *Young Carers: The Facts*, Reed Business Publishing, 1995, p. 35.

5   NHK, 〈주간 뉴스 심층 읽기 : 6명에 1명! 어떻게 할 것인가 '아동 빈곤'〉, 2013, http://www.nhk.or.jp/fukayomi/maru/2013/130525.

html(2018년 3월 14일 열람).

6 야마다 마사히로, 《저변으로 경쟁―격차 방치 사회 일본의 말로》, 아사히신문출판, 2017.

7 후생노동성, 〈22회 생명표에 관하여〉, 2017, http://www.mhlw.go.jp/toukei/saikin/hw/life/22th/dl/22th_02.pdf(2018년 3월 14일 열람).

8 마이니치신문, 〈'건강 수명' 남성 72.14세, 여성 74.79세 최장 경신〉, 2018년 3월 9일 송신, http://mainichi.jp/articles/20180309/k00/00e/040/200000c(2018년 3월 14일 열람).

9 쓰도메 마사토시, 《케어맨으로 살아가다―남성 간병인 100만 인에 보내는 응원》, 크리에이츠가모가와, 2013.

10 후생노동성, 〈세대 수와 세대 인원 상황〉, 《2016년 국민 생활 기초 조사 개황》, 2017, http://www.mhlw.go.jp/toukei/saikin/hw/k-tyosa/k-tyosa16/dl/02.pdf(2018년 3월 14일 열람).

11 내각부 남녀공동참획국, 〈일과 생활의 조화(워크 · 라이프 · 밸런스)를 둘러싼 상황〉, 《남녀공동참획백서 2017년 판》, 2017, http://www.gender.go.jp/about_danjo/whitepaper/h29/zentai/html.honpen/b1_s03_01html(2018년 3월 14일 열람).

12 총무성 통계국, 〈2016년 사회생활 기본 조사 생활 시간에 관한 결과 개요〉, 2017, http://www.stat.go.jp/data/shakai/2016/pdf/gaiyou2.pdf(2018년 3월 14일 열람).

13 간바라 후미코, 《아이 동반 싱글―한 부모 가족의 자립과 사회적 지원》, 아카시쇼텐, 2010.

14 후생노동성, 〈2016년 전국 한 부모 세대 등 조사 결과 개요〉, 2017, http://www.mhlw.go.jp/file/04-Houdouhappyou-11923000-kodomokateikyoku-Kateifukishika/00001836.pdf(2018년 3월 4일 열람).

15 후생노동성, 〈2016년 전국 한 부모 세대 등 조사 결과 보고〉,
2017, http://www.mhlw.go.jp/file/04-Houdouhappyou-11923000-
Kodomokateikyoku-Kateifukishika/0000190325.pdf(2018년 3월 4일
열람).

16 후생노동성, 〈2016년 전국 한 부모 세대 등 조사 결과 보고〉,
2017, http://www.mhlw.go.jp/file/04-Houdouhappyou-11923000-
Kodomokateikyoku-Kateifukishika/0000190325.pdf(2018년 3월 4일
열람).

17 후생노동성, 〈사업장에서 치료와 직업 생활의 양립 지원을 위한 가
이드라인〉, 2016, http://www.mhlw.go.jp/file/06-Seisakujouhou-
11200000-Roudoukijunkyoku/0000115300.pdf(2018년 3월 14일 열
람).

18 히라야마 료, 《닥쳐오는 '아들 간병'의 시대─28명의 현장에서》, 고
분샤, 2014.

19 Saul Becker (ed.), *Young Carers in Europe: An Exploratory
Cross-National Study in Britain, France, Sweden and Germany*,
Loughborough University, 1995.

20 Carers Australia, "Young Carers", 2017, http://www.carersaustralia.
com.au/about-carers/young-carers2/(2018년 3월 14일 열람).

21 헬렌 리드비터, '영 케어러와 그 가족을 지원하다' 심포지엄 〈돌봄을
맡은 10~20대 아이들〉 보고 자료, 2014년 2월 23일 도쿄 개최.

22 National Alliance for Caregiving, *Young Caregivers in the U.S.:
Findings from a National Survey*, National Alliance for Caregiving,
2005.

23 Jenny Frank, *Making it Work: Good practice with young carers and
their families*, The Children's Society and The Princess Royal Trust

for Carers, 2002.

24 Jenny Frank and Julie McLarnon, *Young Carers, Parents and Their Families: Key principles of practice*, The Children's Society, 2008.

25 시부야 도모코, 〈영 케어러를 돕는 법률—영국에서 전개와 일본의 응용 가능성〉, 《세이케이대학 문학부 간행물》 52호, 2017, pp. 1~21. http://repository.seikei.ac.jp/dspace/bitstream/10928/909/1/bungaku-52_1-21.pdf(2018년 3월 14일 열람).

26 미토미 기요시, 〈재택 간병을 짊어진 아동〉, 《영국의 재택 간병인》, 미네르바쇼보, 2000, pp. 393~481. 미토미 기요시, 〈간병을 맡은 아동과 지원 사업〉, 《영국의 커뮤니티 케어와 간병인—간병인 지원의 국제적 전개》, 미네르바쇼보, 2008, pp. 279~332. 미토미 기요시, 〈간병을 맡은 아동과 사회적 배제〉, 《구미의 간병 보장과 간병인 지원—가족 정책과 사회적 포섭, 복지국가 유형론》, 미네르바쇼보, 2010, pp. 218~237.

27 니혼게이자이신문, 〈18세 이하가 간병 35% 병과 장애가 있는 가족, 세이케이대학 조사〉, 2014년 3월 5일. 니혼게이자이신문, 〈부모의 간병으로 미래를 빼앗긴 청년 어느 20대의 경우〉, 2014년 6월 17일. 니혼게이자이신문, 〈부모를 돌보는 청년의 절망 모두가 알기를 원해〉, 2014년 6월 18일. 요미우리신문, 〈가족 간병 고민하는 청년을 지원〉, 2014년 3월 25일.

28 아사히신문, 〈어린 간병인, 사회에서 지원을〉, 2014년 5월 6일.

29 오치 도요코, 〈부모의 간병과 내 인생 어떻게 할까—일, 결혼, 꿈…〉, 《AERA》 2005년 3월 14일호, pp. 51~53.

30 다케다 다쿠야, 〈돌봄이 필요한 사람을 돕는 젊은 간병인이 직면하는 문제에 관한 고찰—어느 한 부모 가정의 사례 분석을 통하여〉, 《개호복지학》 15권 1호, 2008, pp. 74~80. 다케다 다쿠야, 〈한 부

모 가족에서 청년의 돌봄 문제—그 시점과 돌봄의 실제〉,《개호복지
사》11권, 2008, pp. 33~40. 다케다 다쿠야, 〈젊은 세대의 가족 돌
봄 문제 기초적 연구—분석 틀의 구축을 위하여〉, 모모야마다이가
쿠인대학《사회학논집》42권 2호, 2009, pp. 117~145.

31 오카자키 안리, 〈젊디젊은 간병〉,《월간 케어매니지먼트》2011년
7월호~2018년 4월호, 간교신분샤.

32 *The Young Carers (Needs Assessments) Regulation 2015*, The
Stationery Office Limited, http://www.legislation.gov.uk/
uksi/2015/527/pdfs/uksi_20150527_en.pdf(2018년 3월 16일 열람).

33 Saul Becker, 'Young Carers' Martin Davies (eds.), *The Blackwell
Encyclopedia of Social Work*, Blackwell, 2000, p. 378.

34 The National Archives, "Children and Families Act 2014", http://
www.legislation.gov.uk/ukpga/2014/6/contents/enacted(2018년 3월
16일 열람).

35 Chris Dearden and Saul Becker, *Young Carers in the UK: The 2004
Report*, Carers UK, 2004, p. 7.

36 Chris Dearden and Saul Becker, *Young Carers in the UK: The 2004
Report*, Carers UK, 2004.

37 Chris Dearden and Saul Becker, *Young Carers in the UK: The 2004
Report*, Carers UK, 2004, p. 7.

38 기타야마 사와코, 〈가정 내 역할을 맡은 아이들의 현실과 과제—영
케어러 실태 조사에서〉, 효고교육대학대학원 학교교육연구과 2011
년 석사 논문.

39 내각부,《2017년 판 고령 사회 백서》, 2017, http://www8.cao.go.jp/
kourei/whitepaper/w-2017/zenbun/29pdf_index.htm(2018년 4월 5
일 열람).

40 하마시마 요시에·미야가와 마사미쓰, 〈고등학교의 영 케어러 비율과 돌봄의 상황―오사카부 내 공립 고등학교 학생을 대상으로 한 설문 조사 결과에서〉, 《후생 지표》 65권 2호, 2018, pp. 25~26.

41 니혼게이자이신문, 〈돌봄에 내몰리는 청년들, '영 케어러'의 고독〉, 2016년 3월 15일. 야후! 뉴스, 〈영 케어러란 무엇인가―젊은 간병인들의 어려움과 희망〉, 2016년 9월 2일 송신, http://news.yahoo.co.jp/feature/317(2018년 3월 16일 열람).

42 요미우리신문, 〈조부모 돌봄, 고립된 청년〉, 2018년 3월 16일.

43 미나미우오누마 시 기획정책과, 〈미나미우오누마 시 2017 시세 요람 데이터 편〉, p. 6. http://www.city.minamiuonuma.niigata.jp/ikkrwebBrowse/material/files/group/7/shiseiyouran-datta2912.pdf(2018년 4월 4일 열람).

44 내각부, 《2017년 판 고령 사회 백서》, 2017, http://www8.cao.go.jp/kourei/whitepaper/w-2017/zenbun/29pdf_index.htm(2018년 4월 5일 열람).

45 마쓰자키 미호, 〈돌봄과 나―체험·지식·마음의 공유가 만들어내는 미래를 향해〉, 공익재단법인 일본여성학습재단 《2012년 '일본여성학습재단상' 수상 리포트 배움이 열리다》 2권, 2013, pp. 5~18.

46 문부과학성, 〈2016년 아동·학생 문제 행동, 등교 거부 등 학생 지도상 여러 문제에 관한 조사 2〉, 2017, http://www.mext.go.jp/b_menu/houdou/29/10/_icsFiles/afieldfile/2017/10/26/1397646_002.pdf(2018년 3월 26일 열람).

47 Saul Becker, Jo Aldridge and Chris Dearden, *Young Carers and their Families*, Blackwell Science, 1998, p. 15.

48 미토미 기요시, 〈재택 간병을 짊어진 아동〉, 《영국의 재택 간병인》, 미네르바쇼보, 2000, p. 401.

49 야마다 마사히로, 《가족 난민》, 아사히신문출판, 2014. (야마다 마사
　　히로, 니시야마 치나 · 함인희 옮김, 《가족 난민》, 그린비, 2019.)

50 Jenny Frank, *Couldn't Care More: Study of Young Carers and Their
　　Needs*, The Children's Society, 1995, p. 12.

51 Jenny Frank, *Couldn't Care More: Study of Young Carers and Their
　　Needs*, The Children's Society, 1995, p. 67.

52 '커져라, 어린이식당의 울타리!' 전국투어실행위원회 엮음, '커져라,
　　어린이식당의 울타리!' 전국 투어 공식 팸플릿(1판), 2016. 아사히신
　　문, 〈어린이식당 2200개소 넘어 지원 단체 조사 지자체 보조 확대〉,
　　2018년 4월 4일. 니혼게이자이신문, 〈어린이식당 2000개소 넘다〉,
　　2018년 4월 4일.

53 Stephen Joseph, Fiona Becker and Saul Becker, *Manual for Measures
　　of Caring Activities and Outcomes for Children and Young People*,
　　Carers Trust, 2012, http://static.carers.org/files/4089-yc-outcomes-
　　manual-spreads-sb-6261.pdf(2018년 4월 4일 열람).

54 Andrew Bibby and Saul Becker (ed.), *Young Carers in Their Own
　　Words*, Calouste Gulbenkian Foundation, 2000, pp. 58~59.

참 고 문 헌

- 春日キスヨ, 『変わる家族と介護—「無縁社会」時代の介護を考える』, 講談社, 2010. (가스가 기스요, 《변화하는 가족과 돌봄—'무연 사회' 시대의 돌봄을 생각하다》, 고단샤, 2010.)

- 神原文子, 『子づれシングル—ひとり親家族の自立と社会的支援』, 明石書店, 2010. (간바라 후미코, 《아이 동반 싱글—한 부모 가족의 자립과 사회적 지원》, 아카시쇼텐, 2010.)

- 木下康仁, 「オーストラリアのケアラー(介護者)支援」, 『海外社会保障研究』第184巻, 2013, pp. 57~70. (기노시타 야스히토, 〈오스트레일리아의 케어러(간병인) 지원〉, 《해외사회보장연구》 184권, 2013, pp. 57~70.)

- 北山沙和子, 「家庭内役割を担う子供たちの現状と課題—ヤングケアラー実態調査から」兵庫教育大学大学院 学校教育研究科 2011年度修士論文. (기타야마 사와코, 〈가정 내 역할을 맡은 아이들의 현실과 과제—영 케어러 실태 조사에서〉, 효고교육대학대학원 학교교육연구과 2011년 석사 논문.)

- 北山沙和子・石倉健二, 「ヤングケアラーについての実態調査—過剰な家庭内役割を担う中学生」, 『兵庫教育大学学校教育学研究』第

27巻, 2015, pp. 25~29.(기타야마 사와코・이시쿠라 겐지, 〈영 케어러에 관한 실태 조사—과도한 가정 내 역할을 맡은 중학생〉, 《효고교육대학 학교교육학 연구》 27권, 2015, pp. 25~29.)

• 内閣府男女共同参画局, 「仕事と生活の調和(ワーク・ライフ・バランス)をめぐる状況」, 『男女共同参画白書 2017年 版』, 2017, http://www.gender.go.jp/about_danjo/whitepaper/h29/zentai/html.honpen/b1_s03_01html(2018年 3月 14日 閲覧).(내각부 남녀공동참획국, 〈일과 생활의 조화(워크・라이프・밸런스)를 둘러싼 상황〉, 《남녀공동참획백서 2017년 판》, 2017.)

• 内閣府, 『平成29年 版 高齢社会白書』, 2017, http://www8.cao.go.jp/kourei/whitepaper/w-2017/zenbun/29pdf_index.htm(2018年 4月 5日 閲覧).(내각부, 《2017년 판 고령 사회 백서》, 2017.)

• 新見南吉, 『ごんぎつね』, ひさかたチャイルド, 2007.(니이미 난키치, 《금빛 여우》, 히사카타차일드, 2007.)

• 日本経済新聞, 「18歳以下が介護 35% 病気や障害のある家族, 成蹊大調査」, 2014年 3月 5日.(니혼게이자이신문, 〈18세 이하가 간병 35% 병과 장애가 있는 가족, 세이케이대학 조사〉, 2014년 3월 5일.)

• 日本経済新聞, 「介護に追われる若者たち「ヤングケアラー」の孤独」, 2016年 3月 15日.(니혼게이자이신문, 〈돌봄에 내몰리는 청년들, '영 케어러'의 고독〉, 2016년 3월 15일.

• 日本経済新聞, 「親を介護する若者の絶望 みんなに知ってほしい」, 2014年 6月 18日.(니혼게이자이신문, 〈부모를 돌보는 청년의 절망 모두가 알기를 원해〉, 2014년 6월 18일.)

• 日本経済新聞, 「親の介護で未来を奪われる若者 ある20代の場合」, 2014年 6月 17日.(니혼게이자이신문, 〈부모의 간병으로 미래를 빼앗긴 청년 어느 20대의 경우〉, 2014년 6월 17일.)

- 日本経済新聞, 「子ども食堂 2000ヶ所超す」, 2018年 4月 4日.(니혼 게이자이신문, 〈어린이식당 2000개소 넘다〉, 2018년 4월 4일.)

- 武田卓也, 「要介護者を支える若年介護者が直面する問題に関する一考察―あるひとり親家族の事例分析を通して」, 『介護福祉学』第15巻 第1号, 2008, pp. 74~80.(다케다 다쿠야, 〈돌봄이 필요한 사람을 돕는 젊은 간병인이 직면하는 문제에 관한 고찰―어느 한 부모 가정의 사례 분석을 통하여〉, 《개호복지학》15권 1호, 2008, pp. 74~80.)

- 武田卓也, 「二つの人生と狭間にある介護」, 男性介護者と支援者の全国ネットワーク『男性介護者100万人へのメッセージ男性介護体験記 第4集』, 2012, pp. 72~73.(다케다 다쿠야, 〈두 인생 사이의 돌봄〉, 남성 간병인과 지원자 전국 네트워크 《남성 간병인 100만 인을 위한 메시지 남성 돌봄 체험기 4집》, 2012, pp. 72~73.)

- 武田卓也, 「若年家族介護問題の基礎的研究―分析枠組みの構築に向けて」, 桃山学院大学『社会学論集』第42巻 2号, 2009, pp. 117~145.(다케다 다쿠야, 〈젊은 세대의 가족 돌봄 문제 기초적 연구―분석 틀의 구축을 위하여〉, 모모야마다이가쿠인대학 《사회학논집》42권 2호, 2009, pp. 117~145.)

- 武田卓也, 「ひとり親家族における若年者のケア問題―その視点とケアの実際」, 『介護福祉士』第11巻, 2008, pp. 33~40.(다케다 다쿠야, 〈한 부모 가족에서 청년의 돌봄 문제―그 시점과 돌봄의 실제〉, 《개호복지사》11권, 2008, pp. 33~40.)

- 武田卓也, 『若年介護―介護を続けながら夢や希望をもっと生きるために』, 風詠社, 2015.(다케다 다쿠야, 《젊은 세대의 돌봄―돌봄을 계속하면서 꿈과 희망을 가지고 살아가기 위해》, 후에이샤, 2015.)

- 松崎実穂, 「介護と私―体験・知識・思いの共有がつくりだす未来

へ」, 公益財団法人日本女性学習財団『2012年度「日本女性学習財団賞」受賞レポート集 学びがひらく』第2巻, 2013, pp. 5~18.(마쓰자키 미호, 〈돌봄과 나—체험 · 지식 · 마음의 공유가 만들어내는 미래를 향해〉, 공익재단법인 일본여성학습재단 《2012년 '일본여성학습재단상' 수상 리포트 배움이 열리다》 2권, 2013, pp. 5~18.)

- 毎日新聞, 「〈健康寿命〉男性 72.14歳, 女性 74.79歳 最長更新」(毎日新聞 2018年 3月 9日 背信), http://mainichi.jp/articles/20180309/k00/00e/040/200000c(2018年 3月 14日 閲覧).(마이니치신문, 〈'건강 수명' 남성 72.14세, 여성 74.79세 최장 경신〉, 2018년 3월 9일 송신)

- 森田久美子, 「メンタルヘルス問題の親を持つ子どもの経験—不安障害の親をケアする青年のライフストーリー」, 『立正社会福祉研究』第12巻1号, 2010, pp. 1~10.(모리타 구미코, 〈정신 건강 문제가 있는 부모의 아동이 겪는 경험—불안 장애 부모를 케어하는 청년의 라이프 스토리〉, 《릿쇼사회복지연구》 12권 1호, 2010, pp. 1~10.)

- 文部科学省, 「平成28年度 児童生徒の問題行動 · 不登校等生徒指導上の諸課題に関する調査」結果(速報値)について2」, 2017, http://www.mext.go.jp/b_menu/houdou/29/10/_icsFiles/afieldfile/2017/10/26/1397646_002.pdf(2018年 3月 26日 閲覧).(문부과학성, 〈2016년 아동 · 학생 문제 행동, 등교 거부 등 학생 지도상 여러 문제에 관한 조사 2〉, 2017.)

- 文部科学省, 「不登校児童生徒への支援の在り方について(通知)」, 2016, http://www.mext.go.jp/a_menu/shotou/seitoshidou/1375981.htm(2018年 3月 14日 閲覧).(문부과학성, 〈등교 거부 아동 학생에 대한 지원 방식에 관하여(통지)〉, 2016.)

- 南魚沼市企画政策課, 「南魚沼市2017市勢要覧データ編」, 2017, http://www.city.minamiuonuma.niigata.jp/ikkrwebBrowse/material/

files/group/7/shiseiyouran-datta2912.pdf(2018年 4月 4日 閲覧).(미나미우오누마 시 기획정책과, 〈미나미우오누마 시 2017 시세 요람 데이터 편〉.)

- 三富紀敬, 「介護を担う子どもと社会的排除」, 『欧米の介護保障と介護者支援―家族政策と社会的包摂, 福祉国家類型論』, ミネルヴァ書房, 2010, pp. 218~237.(미토미 기요시, 〈간병을 맡은 아동과 사회적 배제〉, 《구미의 간병 보장과 간병인 지원―가족 정책과 사회적 포섭, 복지국가 유형론》, 미네르바쇼보, 2010, pp. 218~237.)

- 三富紀敬, 「介護を担う子ども支援事業」, 『イギリスのコミュニティケアと介護者―介護者支援の国際的展開』, ミネルヴァ書房, 2008, pp. 279~332.(미토미 기요시, 〈간병을 맡은 아동과 지원 사업〉, 《영국의 커뮤니티 케어와 간병인―간병인 지원의 국제적 전개》, 미네르바쇼보, 2008, pp. 279~332.)

- 三富紀敬, 「在宅介護を担う児童」, 『イギリスの在宅介護者』, ミネルヴァ書房, 2000, pp. 393~481.(미토미 기요시, 〈재택 간병을 짊어진 아동〉, 《영국의 재택 간병인》, 미네르바쇼보, 2000, pp. 393~481.)

- 澁谷智子, 「高校生のヤングケアラー」, 『ねざす』第54巻, 2014, pp. 58~64.(시부야 도모코, 〈고등학생 영 케어러〉, 《뿌리내림》54권, 2014, pp. 58~64.)

- 澁谷智子, 「「想定外」の介護者―ヤングケアラーと男性介護者から考える介護とジェンダーと年齢」成蹊大学人文叢書第12巻『ダイナミズムとしてのジェンダー―歴史から現在を見るこころみ』, 2016, pp. 171~202.(시부야 도모코, 〈상정 밖 간병인 영 케어러와 남성 간병인에게서 생각하는 간병과 젠더와 연령〉, 세이케이대학 인문총서 12권《다이나미즘으로서 젠더―역사에서 현재를 보는 시도》, 2016, pp. 171~202.)

- 澁谷智子,「子どもがケアを担うとき―ヤングケアラーになった人／ならなかった人の語りと理論的考察」,『理論と動態』第5号, 2012, pp. 2～23.(시부야 도모코, 〈아이가 돌봄을 맡았을 때―영 케어러가 된 사람/되지 않은 사람의 이야기와 이론적 고찰〉,《이론과 동태》 5호, 2012, pp. 2～23.)

- 澁谷智子,「どう支える　ヤングケアラー」,『婦人之友』第109巻9号, 2015, pp. 120～123.(시부야 도모코, 〈어떻게 도울까 영 케어러〉《부인지우》109권 9호, 2015, pp. 120～123.)

- 澁谷智子,「ヤングケアラーを支える法律―イギリスにおける展開と日本での応用可能性」,『成蹊大学文学部紀要』第52号, 2017, pp. 1～21. http://repository.seikei.ac.jp/dspace/bitstream/10928/909/1/bungaku-52_1-21.pdf(2018年 3月1 4日 閲覧).(시부야 도모코, 〈영 케어러를 돕는 법률―영국에서 전개와 일본의 응용 가능성〉,《세이케이대학 문학부 간행물》52호, 2017, pp. 1～21.)

- 澁谷智子,「ヤングケアラーに対する医療福祉専門職の認識―東京都医療社会事業協会会員へのアンケート調査の分析から」,『社会福祉学』第54巻4号, 2014, pp. 70～81.(시부야 도모코, 〈영 케어러에 대한 의료 복지 전문가의 인식―도쿄도 의료사회사업협회 회원 대상 설문 조사 분석〉,《사회복지학》54권 4호, 2014, pp. 70～81.)

- 澁谷智子,「仕事と家事育児―経済構造と文化規範がズレた時代を生きる私たち」「女って大変を考える理由」,『女って大変。働くことと生きることのワークライフバランス考』, 医学書院, 2011, pp. 7～31, 248～263.(시부야 도모코, 〈일과 가사 육아―경제구조와 문화 규범이 어긋난 시대를 살아가는 우리〉〈'여자는 힘들어'를 생각하는 이유〉,《여자는 힘들어. 일하는 것과 사는 것의 워크 라이프 밸런스 고찰》, 이가쿠쇼인, 2011, pp. 7～31, 248～263.)

- 澁谷智子,「広がる子どもの食堂」, 成蹊大学公開講座運絵委員会『2017(平成29)年度 成蹊大学公開講座講演録』, 2018, pp. 23~28.(시부야 도모코, 〈커지는 어린이식당〉, 세이케이대학 공개강좌운영위원회《2017년 세이케이대학 공개강좌 강연록》, 2018, pp. 23~28.)

- 澁谷智子,『コーダの世界—手話の文化と声の文化』, 2009, 医学書院.(시부야 도모코, 《코다의 세계—수화 문화와 음성 문화》, 2009, 이가쿠쇼인.)

- 澁谷智子・松崎実穂・井口高志,「ケアする子どもと若者たち—ケアを担うということ, そして将来への不安」,『支援』第7巻, 生活書院, 2017, pp. 155~187.(시부야 도모코・마쓰자키 미호・이구치 다카시, 〈돌봄을 하는 아동과 청년들—돌봄을 맡는다는 것, 그리고 미래에 대한 불안〉,《지원》7권, 세이카츠쇼인, 2017, pp. 155~187.)

- 津止正敏,『ケアメンを生きる—男性介護者100万人へのエール』, クリエイツかもがわ, 2013.(쓰도메 마사토시, 《케어맨으로 살아가다—남성 간병인 100만 인에 보내는 응원》, 크리에이츠가모가와, 2013.)

- 津止正敏・斎藤真緒,『男性介護者白書—家族介護者支援への提言』, かもがわ出版, 2007.(쓰도메 마사토시・사토 마오, 《남성 간병인 백서—가족 간병 지원에 대한 제언》, 가모가와출판, 2007.)

- 筒井淳也,『結婚と家族のこれから—共働き社会の限界』, 光文社, 2016.(쓰쓰이 준야, 《결혼과 가족의 미래—맞벌이 사회의 한계》, 코분샤, 2016.)

- 筒井淳也,『仕事と家族—日本はなぜ働きづらく, 産みにくいのか』, 中央口論新社, 2015.(쓰쓰이 준야, 《일과 가족—일본은 왜 일하기 힘들고, 아이를 낳기 어려울까》, 주오코론신샤, 2015.)

- 土屋葉,「障害の傍らで—ALS患者を親にもつ子どもの経験」,『障害学研究』第2巻, 2006, pp. 99~123.(쓰치야 요, 〈장애의 옆에서—

ALS 환자를 부모로 둔 아동의 경험〉, 《장애학연구》 2권, 2006, pp. 99~123.)

- 朝田健太, 「私の介護体験記」, 『男性介護者100万人へのメッセージ 男性介護体験記 第4集』, 男性介護者と支援者の全国ネットワーク, 2012, pp. 64~65.(아사다 켄타, 〈나의 돌봄 체험기〉, 《남성 간병인 100만 인을 위한 메시지 남성 돌봄 체험기 4집》, 남성 간병인과 지원 자 전국 네트워크, 2012, p.64~65.)

- 朝日新聞, 「若い介護者(ヤングケアラー) 社会で支援を」, 2014年 5 月 6日.(아사히신문, 〈어린 간병인, 사회에서 지원을〉, 2014년 5월 6 일.)

- 朝日新聞, 「子ども食堂2200ケ所超 支援団体調査 自治体補助広が る」, 2018年 4月 4日.(아사히신문, 〈어린이식당 2200개소 넘어 지원 단체 조사 지자체 보조 확대〉, 2018년 4월 4일.)

- 山田昌弘, 『「家族」難民─生涯未婚率25％社会の衝撃』 朝日新聞出 版, 2014. (야마다 마사히로, 《가족 난민》, 아사히신문출판, 2014).

- 山田昌弘, 『底辺への競争─格差放置社会ニッポンの末路』, 朝日新 聞出版, 2017.(야마다 마사히로, 《저변으로 경쟁─격차 방치 사회 일 본의 말로》, 아사히신문출판, 2017.)

- Yahoo!ニュース, 「ヤングケアラーとは何か─若き介護者たち の困難と希望」(2016年 9月 2日 配信), http://news.yahoo.co.jp/ feature/317(2018年 3月 16日 閲覧).(야후! 뉴스, 〈영 케어러란 무엇 인가─젊은 간병인들의 어려움과 희망〉, 2016년 9월 2일 송신.)

- おちとよこ, 「親の介護と私の人生どうする─仕事、結婚、夢は…」, 『AERA』, 2005年 3月 14日号, pp. 51~53.(오치 도요코, 〈부모의 간 병과 나의 인생 어떻게 할까─일, 결혼, 꿈…〉, 《AERA》 2005년 3월 14일호, pp. 51~53.)

- 岡崎杏里,「うらわか介護」,『月刊ケアマネジメント』2011年7月号〜2018年4月号, 環境新聞社.(오카자키 안리, 〈젊디젊은 간병〉, 《월간 케어매니지먼트》 2011년 7월호〜2018년 4월호, 간쿄신분샤.)
- 読売新聞,「家族介護 悩む若者を支援」, 2014年3月25日.(요미우리신문, 〈가족 간병 고민하는 청년을 지원〉, 2014년 3월 25일.)
- 読売新聞,「祖父母介護 孤立する若者」, 2018年3月16日.(요미우리신문, 〈조부모 돌봄, 고립된 청년〉, 2018년 3월 16일.)
- 湯原悦子,「イギリスとオーストラリアの介護者法の検討—日本における介護者支援のために」,『日本福祉大学社会福祉論集』第122号, 2010, pp. 41〜52.(유하라 에쓰코, 〈영국과 오스트레일리아의 간병인법 검토—일본에서 간병인 지원을 위하여〉, 《일본복지대학사회복지논집》 122호, 2010, pp. 41〜52.)
- 一般社団法人日本ケアラー連盟ヤングケアラープロジェクト,『南魚沼市「ケアを担う子ども(ヤングケアラー)についての調査」《教員調査》報告書』, 一般社団法人日本ケアラー連盟ヤングケアラープロジェクト, 2015, http://carersjapan.com/ycpj/research/img/yc-research2015@minamiuonuma.pdf(2018年3月14日 閲覧).(일반사단법인 일본케어러연맹 영 케어러 프로젝트, 《미나미우오누마 시 '돌봄을 맡은 아동(영 케어러)에 관한 조사' 교원 조사 보고서》, 일반사단법인 일본케어러연맹 영 케어러 프로젝트, 2015.)
- 一般社団法人日本ケアラー連盟ヤングケアラープロジェクト,『藤沢市ケアを担う子ども(ヤングケアラー)についての調査 教員調査 報告書』, 一般社団法人日本ケアラー連盟ヤングケアラープロジェクト, 2017, http://carersjapan.com/ycpj/research/img/yc-research2017@hujisawa.pdf(2018年3月14日 閲覧).(일반사단법인 일본케어러연맹 영 케어러 프로젝트, 《후지사와 시 돌봄을 맡은 아동

(영 케어러)에 관한 조사 교원 조사 보고서》, 일반사단법인 일본케어러연맹 영 케어러 프로젝트, 2017.)

- 一般社団法人日本ケアラー連盟,「ヤングケアラー・若者ケアラー」パンフレット, 2015.(일반사단법인 일본케어러연맹, '영 케어러 · 청년 케어러' 팸플릿, 2015.)

- 総務省統計局,「平成24年度 就業構造基本調査」, 2013, http://www.e-stat.go.jp/SG1/estat/GL08020103.do?_toGL08020103_&tclassID=000001048178&cycleCode=0&requestSendar=search, 第203表(2018年 3月 14日 閲覧).(총무성 통계국, 〈2012년 취업 구조 기본 조사〉, 2013, 표 203.)

- 総務省統計局,「平成28年 社会生活基本調査生活時間に関する結果 結果の概要」, 2017, http://www.stat.go.jp/data/shakai/2016/pdf/gaiyou2.pdf(2018年 3月 14日 閲覧).(총무성 통계국, 〈2016년 사회생활 기본 조사 생활 시간에 관한 결과 개요〉, 2017.)

- 「広がれ,こども食堂の輪！」全国ツアー実行委員会編,「広がれ,こども食堂の輪！」全国ツアー公式パンフレット[第1版], 2016.('커져라, 어린이식당의 울타리!' 전국투어실행위원회 엮음, '커져라, 어린이식당의 울타리!' 전국 투어 공식 팸플릿(1판), 2016.)

- 濱島淑恵・宮川雅充,「高校におけるヤングケアラーの割合とケアの状況—大阪府下の公立高校の生徒を対象とした質問紙調査の結果より」,『厚生の指標』第65巻 第2号, 2018, pp. 22~29.(하마시마 요시에 · 미야가와 마사미쓰, 〈고등학교의 영 케어러 비율과 돌봄의 상황—오사카부 내 공립 고등학교 학생을 대상으로 한 설문 조사 결과에서〉,《후생 지표》65권 2호, 2018, pp. 22~29.)

- リードビター, ヘレン,「ヤングケアラーとその家族を支援する」シンポジウム「介護を担う10代・20代の子どもたち」報告資料(2014年 2

月 23日 東京 開催).(헬렌 리드비터, '영 케어러와 그 가족을 지원하다' 심포지엄 〈돌봄을 맡은 10~20대 아이들〉 보고 자료, 2014년 2월 23일 도쿄 개최.)

- 厚生労働省,「平成28年度 全国ひとり親世帯等調査結果の概要」, 2017, http://www.mhlw.go.jp/file/04-Houdouhappyou-11923000-kodomokateikyoku-Kateifukishika/00001836.pdf(2018年 3月 4日 閲覧).(후생노동성, 〈2016년 전국 한 부모 세대 등 조사 결과 개요〉, 2017.)

- 厚生労働省,『平成28年度 全国ひとり親世帯等調査結果報告』, 2017, http://www.mhlw.go.jp/file/04-Houdouhappyou-11923000-Kodomokateikyoku-Kateifukishika/0000190325.pdf(2018年 3月 4日 閲覧).(후생노동성, 〈2016년 전국 한 부모 세대 등 조사 결과 보고〉, 2017.)

- 厚生労働省,「第22回 生命表について」, 2017, http://www.mhlw. go.jp/toukei/saikin/hw/life/22th/dl/22th_02.pdf(2018年 3月 14日 閲覧).(후생노동성, 〈22회 생명표에 관하여〉, 2017.)

- 厚生労働省,「事業場における治療と職業生活の両立支援のためのガイドライン」, 2016, http://www.mhlw.go.jp/file/06-Seisakujouhou-11200000-Roudoukijunkyoku/0000115300.pdf(2018年 3月 14日 閲覧).(후생노동성, 〈사업장에서 치료와 직업 생활의 양립 지원을 위한 가이드라인〉, 2016.)

- 厚生労働省,「世帯数と世帯人員の状況」,『平成28年 国民生活基礎調査の概況』, 2017, http://www.mhlw.go.jp/toukei/saikin/hw/k-tyosa/k-tyosa16/dl/02.pdf(2018年 3月 14日 閲覧).(후생노동성, 〈세대 수와 세대 인원 상황〉,《2016년 국민 생활 기초 조사 개황》, 2017.)

- 平野直,『やまなしもぎ』, 福音館書店, 1977.(히라노 다다시,《돌배

따기》, 후쿠인칸쇼텐, 1977.)

- 平山亮, 『迫りくる「息子介護」の時代—28人の現場から』, 光文社, 2014.(히라야마 료, 《닥쳐오는 '아들 간병'의 시대—28명의 현장에 서》, 고분샤, 2014.)

- Andrew Bibby and Saul Becker (ed.), *Young Carers in Their Own Words*, Calouste Gulbenkian Foundation, 2000.

- Association of Directors of Adult Social Services, The Children's Society and Association of Directors of Children's Services, *Working Together to Support Young Carers and Their Families: A Template for a Local Memorandum of Understanding [MoU] between Statutory Directors for Children's Services and Adult Social Services*, Association of Directors of Adult Social Services, The Children's Society and Association of Directors of Children's Services, 2012.

- Carers Australia, "Young Carers", 2017, http://www.carersaustralia. com.au/about-carers/young-carers2/(2018년 3월 14일 열람).

- Carers Trust, *Making a Step Change for Young Carers and Their Families: Prevention, Intervention and Partnership*, Carers Trust, 2014.

- Chris Dearden and Saul Becker, *Young Carers in the UK: The 2004 Report*, Carers UK, 2004.

- Chris Dearden and Saul Becker, *Young Carers in the United Kingdom: A Profile*, Carers National Association, 1998.

- Chris Dearden and Saul Becker, *Young Carers: The Facts*, Reed Business Publishing, 1995.

- Jenny Frank and Julie McLarnon, *Young Carers, Parents and Their Families: Key principles of practice*, The Children's Society, 2008.

- Jenny Frank, *Couldn't Care More: Study of Young Carers and Their*

Needs, The Children's Society, 1995.

- Jenny Frank, *Making it Work: Good practice with young carers and their families*, The Children's Society and The Princess Royal Trust for Carers, 2002.

- Jo Aldridge and Saul Becker, *Children Who Care: Inside the World of Young Carers*, Loughborough University of Technology, Department of Social Sciences, 1993.

- National Alliance for Caregiving, *Young Caregivers in the U.S.: Findings from a National Survey*, National Alliance for Caregiving, 2005.

- NHK, 『6人に1人！どうする"子どもの貧困"』週刊シュース深読みウェブページ, 2013, http://www.nhk.or.jp/fukayomi/maru/2013/130525.html(2018年 3月 14日 閲覧).(NHK, 〈6명에 1명! 어떻게 할 것인가 '아동 빈곤'〉, 주간 뉴스 심층 읽기 홈페이지, 2013.)

- Office for National Statistics, "Providing unpaid care may have an adverse affect on young carers' general health", 2013, http://webarchive.nationalarchives.gov.uk/20160105160709/http://www.ons.gov.uk/ons/rel/census/2011-census-analysis/provision-of-unpaid-care-in-engalnd-and-wales—2011/sty-unpaid-care.html(2018년 3월 14일 열람).

- Saul Becker (ed.), *Young Carers in Europe: An Exploratory Cross-National Study in Britain, France, Sweden and Germany*, Loughborough University, 1995.

- Saul Becker, 'Young Carers' Martin Davies (eds.), *The Blackwell Encyclopedia of Social Work*, Blackwell, 2000, p. 378.

- Saul Becker, Jo Aldridge and Chris Dearden, *Young Carers and their*

Families, Blackwell Science, 1998.

- Stephen Joseph, Fiona Becker and Saul Becker, *Manual for Measures of Caring Activities and Outcomes for Children and Young People*, Carers Trust, 2012, http://static.carers.org/files/4089-yc-outcomes-manual-spreads-sb-6261.pdf(2018년 4월 4일 열람).
- The Children's society, "Whole Family Pathway", 2018, https://www.childrenssociety.org.uk/sites/default/files/whole-family-pathway-2018.pdf(2018년 3월 16일 열람).
- The National Archives, "Care Act 2014", http://www.legislation.gov.uk/ukpga/2014/23/contents/enacted(2018년 3월 16일 열람).
- The National Archives, "Children Act 1989", http://www.legislation.gov.uk/ukpga/1989/41/contents(2018년 3월 16일 열람).
- The National Archives, "Children and Families Act 2014", http://www.legislation.gov.uk/ukpga/2014/6/contents/enacted(2018년 3월 16일 열람).
- *The Young Carers (Needs Assessments) Regulation 2015*, The Stationery Office Limited, http://www.legislation.gov.uk/uksi/2015/527/pdfs/uksi_20150527_en.pdf(2018년 3월 16일 열람).
- Young Carers Research Group, *YC-QST-20 Guidance: Notes for Researchers and Health, Social Care and Education Professionals*, Loughborough University, 2013(일본어 번역판은 http://youngcarer.sakura.ne.jp/b-ycqst20-ja-descrip.pdf에서 열람 가능).

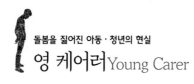

돌봄을 짊어진 아동 · 청년의 현실

영 케어러 Young Carer

펴낸날 2021년 11월 25일 초판 1쇄
지은이 시부야 도모코(澁谷智子)
옮긴이 박소영
만들어 펴낸이 정우진 강진영 김지영
꾸민이 Moon&Park(dacida@hanmail.net)
펴낸곳 (04091) 서울 마포구 토정로 222 한국출판콘텐츠센터 420호 도서출판 황소걸음
편집부 (02) 3272-8863
영업부 (02) 3272-8865
팩 스 (02) 717-7725
이메일 bullsbook@hanmail.net / bullsbook@naver.com
등 록 제22-243호(2000년 9월 18일)
ISBN 979-11-86821-64-0 03330

황소걸음
Slow & Steady

정성을 다해 만든 책입니다. 읽고 주위에 권해주시길…
잘못된 책은 바꿔드립니다. 값은 뒤표지에 있습니다.